Anselm Bilgri · Gerd Henghuber

Bei aller Liebe

Anselm Bilgri · Gerd Henghuber

Bei aller Liebe

Warum die katholische Kirche
den Zölibat freigeben muss

PIPER

Mehr über unsere Autoren und Bücher:
www.piper.de

Von Anselm Bilgri liegen im Piper Verlag vor:
Vom Glück der Muße
Herzensbildung
Finde das rechte Maß

Zum Schutz der Persönlichkeitsrechte wurden einige Namen und Orte in den Gesprächsprotokollen verändert.

FSC www.fsc.org
MIX
Papier aus verantwortungsvollen Quellen
FSC® C014496

ISBN 978-3-492-05874-2

Satz: Tobias Wantzen, Bremen
Gesetzt aus der Linux Libertine
Litho: Lorenz & Zeller, Inning am Ammersee
Druck und Bindung: GGP Media GmbH, Pößneck
Printed in Germany

fratribus caelibatu oppressis

»Im Bedarfsfall muss nicht das Priestertum dem Zölibat, sondern der Zölibat dem Priestertum geopfert werden.«

Maximos IV. Saigh, Patriarch von Antiochien, Jerusalem und dem ganzen Osten und Alexandria der melkitischen griechisch-katholischen Kirche in einer Eingabe auf dem Zweiten Vatikanischen Konzil

Inhalt

Vorwort

»Schon wieder eine Veröffentlichung zum leidigen Thema Zölibat!« So oder ähnlich lauten die ersten Sätze von zwei der neueren Bücher, die im Literaturhinweis am Ende dieses Buches angeführt werden. Auch ich hatte meine Zweifel, als sich im Gespräch mit Verlegerin und Co-Autor das Thema herauskristallisierte. »Ist das Thema nicht ausgelutscht?«, fragte ich mich. Dann kamen wir aber zu dem Schluss: Die Zeit ist reif, auch wenn der Zölibat eigentlich noch nie zeitgemäß war, sondern schon immer eine Illusion, eine Lebenslüge – und für alle Beteiligten ein riesiges Problem. Was natürlich auch zu der Zeit galt, als ich Mönch in Andechs war. Und genau aus diesem Grund zögerte ich, dieses Buch zu schreiben. Weil ich weiß, wie wunderbar diese Schlagzeilen funktionieren würden: »Ex-Prior packt aus: So trieben sie es im Kloster Andechs.«

Allen an solchen Geschichten Interessierten sei schon an dieser Stelle gesagt: Ich will und ich werde in diesem Buch keine Bettgeschichten auspacken. Keine, die ich erlebt habe, und keine, von denen ich weiß. Ich sehe keinen Grund dafür, mich, Mitbrüder in den Orden oder Priester im Dienst von Diözesen zu outen, gleich ob hetero- oder homosexuell. Keiner der Fälle, die mein Co-Autor in diesem Buch exemplarisch beschreibt, stammt aus meinem

Bekanntenkreis. Natürlich kenne auch ich viele Priester, die nicht zölibatär leben, die miteinander das Bett teilen, die Freundinnen oder Freunde haben, kurze Affären und jahrzehntelange Beziehungen. Auch solche, von denen ich weiß oder ahne, dass sie anonymen Sex haben, in Bordellen oder schwulen Darkrooms. In der Summe sind es mehr als die, von denen ich annehme, dass sie den Zölibat halten, wenigstens so gut es geht.

Das alles hat aber nichts mit Sodom und Gomorrha zu tun und ist kein Anlass für Headlines in der Zeitung. Es ist schlicht die menschliche Normalität, die jeder Katholik, der ein bisschen genauer hinsieht, auch kennt beziehungsweise kennen sollte.

Es ist aber auf der anderen Seite die große Lüge der katholischen Kirche, dass sie diese Normalität nicht anerkennt, sondern stattdessen ein Ideal zur Norm macht, dem kaum ein Mensch entsprechen kann. Und dass sie dann zu allem, was daraus folgt, die Augen verschließt und schweigt. Die drei berühmten Affen (nichts sehen, nichts hören, nichts sagen) symbolisieren diese katholische Scheinheiligkeit, und sie repräsentieren nicht nur die Kirchenoberen, sondern auch die große Not der einfachen Priester und der engagierten Gläubigen. Weil niemand offen darüber spricht, schon gar nicht in der Ausbildung, leiden darunter am meisten die, die sich auf das Priestertum oder gar das Mönchtum einlassen und dann ganz persönlich, hautnah sozusagen, aufschrammen mit ihrer persönlichen Sexualität. Gerd Henghuber zeigt in seinen Reportagen, dass viele Kleriker vielleicht zu jung, sicher aber zu naiv in ihre Berufung gehen. Das Thema Sexualität wird erst später virulent. So wie bei mir.

Als ich mit neunzehn Jahren gleich nach dem Abitur

ins Münchner Priesterseminar eintrat, war ich felsenfest davon überzeugt, dass der Zölibat sinnvoll ist und dass ich ihn, wenn schon nicht leicht, so doch aufrichtig einhalten könnte. Zwei Jahre später wurde ich Benediktiner in der Abtei St. Bonifaz in München mit dem angeschlossenen Wirtschaftsgut Kloster Andechs. Benedikt kennt in seiner Ordensregel aus dem 6. Jahrhundert die Gelübde der Beständigkeit, des Gehorsams und des klösterlichen Lebenswandels. Letzteres umfasst die persönliche Besitzlosigkeit und die sexuelle Enthaltsamkeit. Auch das konnte ich mit Enthusiasmus und frohem Herzen bei meiner Profess versprechen. Als Novize und junger Mönch machte ich mir keinerlei Gedanken darüber, welche sexuellen Bedürfnisse ich habe und wie ich damit als Ordensmann umgehen soll. Tatsächlich lenken die Ausbildung, die Tätigkeit, die Verantwortung auch erst einmal stark davon ab.

Im Lauf der dreißig Jahre meiner Ordenszugehörigkeit bin ich freilich realistischer geworden, was mich persönlich betrifft – ebenso wie viele andere Ordensleute und Priester, die ich im Lauf der Zeit kennengelernt habe. Erst als ich schon längst Mönch war, begann auch ich, mich nach Nähe, nach Geborgenheit, nach Zärtlichkeit zu sehnen und sie auch zu suchen, so wie es fast alle tun, die das Gelübde der Ehelosigkeit gegeben haben: im Geheimen, mit Gewissensskrupeln, auch mit Angst vor der Entdeckung und den Konsequenzen, die das Kirchenrecht vorsieht. Mein Ordensaustritt war zwar nicht primär vom Problem der Enthaltsamkeit bestimmt, aber auch das spielte eine Rolle.

Warum also dann doch dieses Buch? Weil ich zum einen weiß, wie sehr Priester und Ordensleute unter dem Zölibat zu leiden haben. Ja, auch Mönche von Andechs haben ihre Sexualität. So wie Mönche in allen Klöstern und ein Großteil aller Priester. Zum anderen ist es für mich offensichtlich, dass das Gebot der Ehelosigkeit ein wesentlicher Grund dafür ist, dass es um die Kirche heute so kritisch steht. Unter dem schlimmen Priestermangel haben die Katholiken in den Gemeinden zu leiden, denn ohne Priester ist katholisches Leben bedroht. Gerade diese Sorge wurde mir von vielen aufrichtigen Menschen immer wieder ans Herz gelegt.

Tatsächlich geht es beim Problem des Zölibats um viel mehr als das unerfüllte Sexualleben von Priestern. Es betrifft im Grunde die Existenz der katholischen Kirche, zumindest in den westlichen Ländern. Hier ist heute der Priestermangel so spürbar wie noch nie zuvor – vielleicht die unmittelbare Zeit nach der Säkularisation von 1803 ausgenommen. Damals lag die katholische Kirche in den deutschen Landen danieder, und es dauerte Jahrzehnte, bis sie sich vom Kahlschlag der staatlichen Enteignung und Zerschlagung ihrer Organisation erholen sollte. Es gibt aber einen eklatanten Unterschied. Heute haben wir einen religionsneutralen, wenn nicht sogar freundlich gesinnten Staat. Der Mangel ist nicht von außen erzwungen, sondern kommt aus dem Inneren der Kirche.

Die Säkularisation von 1803 war vor allem eine Frage des Eigentums und der weltlichen Herrschaft. Das Glaubensleben der Gesamtbevölkerung blieb davon weithin unberührt. Die Säkularisation von heute hingegen bedeutet einen exponentiellen Rückgang der kirchengebundenen Gläubigkeit. Und er wird noch beschleunigt durch den zahlenmäßigen Schwund der Priesterschaft. Sicher, das Zweite Vatikanische Konzil hat erklärt, dass Kirche das ganze Volk Gottes umfasst, also aus allen Gläubigen, den sogenannten Laien und der Priesterschaft besteht. Nicht nur die Diakone, auch die Priester und Bischöfe müssen ihr Amt als Dienst an diesem Gottesvolk verstehen. Und nicht nur die Amtsträger, sondern alle haben Sorge zu tragen für die Weitergabe des Glaubens. Aber das Selbstverständnis der römisch-katholischen Kirche als Grundsakrament, das sich in sakramentalen Strukturen entfaltet, ist auf dem Weiheamt aufgebaut und darauf angewiesen. Zur Feier der Eucharistie, dem Quell und Höhepunkt des gemeindlichen Lebens, und anderer Sakramente wird der Gemeindeleiter durch die Weihe des Bischofs beauftragt. Auch zum Dienst der Verkündigung und des Kümmerns um die Bedürftigen ist er bestellt.

Daher muss es Sorge der ganzen Kirche sein, dass für jede Gemeinde wenigstens ein Priester zur Verfügung steht. In anderen Regionen des Erdkreises mag es anders sein – auf der Nordhalbkugel jedenfalls nimmt die Zahl der Priester und Priester-Anwärter mit einem enormen Tempo ab. War früher die ganze Gemeinde auf den Priester, den Pfarrer und den Kaplan fixiert, so fällt heute eine kirchliche Bezugsperson in der Fläche oft aus. Ich war selbst in meiner Zeit als Benediktiner fünf Jahre lang Kaplan in der Münchner Innenstadtpfarrei St. Bonifaz und vier Jahre lang Pfarrer in dem Dorf Machtlfing, Teil der Gemeinde Andechs. Dort habe ich gemerkt, wie wichtig es ist, nicht nur beim Gottesdienst, sondern auch im Pfarr- bzw. Gemeindeleben präsent zu sein. Oder, wie es das Schlussdokument des Konzils fast poetisch ausgedrückt hat: »Freude und Hoffnung, Trauer und Angst der Menschen von heute, besonders der Armen und Bedrängten aller Art, sind auch Freude und Hoffnung, Trauer und Angst der Jünger Christi.«

Das Rezept für eine gelingende Seelsorge besteht in der Teilhabe am Leben der Menschen, an deren Seite man gestellt ist. Das kann nicht gelingen, wenn die Distanz zwischen Pfarrer und Gemeinde durch den Zusammenschluss zu Pfarrverbänden immer größer wird, sodass ein Priester allein für große Gebiete zuständig ist. Es wird immer wieder geschildert, wie Pfarrer von einem Sonntagsgottesdienst zum anderen hetzen. Manche behalten sogar das Messgewand an, wenn sie zum Auto hasten, um in der nächsten Kirche nicht zu viel Zeit in der Sakristei zu verlieren. Das ist eine Perversion dessen, was das Konzil sich unter einem guten, liturgisch sauber zelebrierten Gottesdienst vorgestellt hat. Im Anschluss bleibt oft keine Zeit mehr für den wichtigen zwischenmenschlichen Kontakt, der früher beispielsweise beim Frühschoppen in der Wirtschaft gepflegt werden konnte. Mein Abt Odilo Lechner hat das einmal so beschrieben: In der Kirche hat der Pfarrer den Frauen gepredigt und im Wirtshaus den Männern.

Heute verwaltet die Kirche immer schlechter den für alle spürbaren Mangel. Einen Mangel nicht an Finanzen, nicht an Organisationsstrukturen, aber an Begeisterung und an »Bodenpersonal«. Mit Letzterem meine ich ausdrücklich nicht die Verwaltungs- und Leitungsebene. Wir haben *Priestermangel*, Bischofsmangel wird es wohl nicht geben. Natürlich ist der Zölibat nicht der einzige Grund für den derzeitigen Priestermangel. Aber er ist der am leichtesten zu beseitigende! Trotzdem scheint es der Kirche unendlich schwerzufallen, diese obsolet gewordene Tradition aufzugeben, obwohl auch die konservativsten Theologen zugeben müssen, dass die Ehelosigkeit weder von der Bibel noch von der Tradition her notwendigerweise zum Priestertum gehört.

Was man meist vergisst, ist die Tatsache, dass zu früheren Zeiten, oft noch bis in das 20. Jahrhundert hinein, die Eheschließung und Gründung einer Familie nicht allen Menschen möglich war. Nur wer über auseichendes Einkommen verfügte, konnte Frau und Kinder ernähren. Und das war viel dünner gesät als heute. Geschwister blieben als ledige Knechte und Mägde auf dem Hof des Erben, Gesellen konnten oft erst heiraten, wenn sie eine verwitwete Meistersgattin fanden. Ein zölibatärer Priester war in der alten Gesellschaft ein angesehener Unverheirateter unter anderen und damit viel »normaler«, als er es heute ist, wo die meisten Menschen die Möglichkeit haben zu heiraten.

Ein Grund für den Priestermangel dürfte in unseren Breiten auch der Rückgang der Kinderzahl pro Familie sein. Noch bis in die unmittelbare Nachkriegszeit hinein waren für katholische Familien, zumal in ländlichen Gebieten, fünf bis zehn Kinder keine Seltenheit. Schon aus Gründen der Ehre, aber auch der Versorgung war es oft üblich, dass eines der Kinder ins Kloster ging oder Priester wurde. Seitdem auch Katholiken Familienplanung praktizieren und die Kindersterblichkeit ganz massiv zurückging, hat sich auch bei ihnen die Familienformel 2 + 2 (Eltern und höchstens zwei Kinder) durchgesetzt.

Damit einher ging das Phänomen, das ich oben schon mit der Säkularisierung unserer Gesellschaft gezeichnet habe. Die kirchliche Bindung verdunstet von Generation zu Generation. Waren die Großeltern noch fest verwurzelt im Glauben und der Praxis des Gottesdienstbesuchs, so gingen die Eltern nur noch zu den hohen Feiertagen oder bei Kasualien wie Hochzeit, Taufe und Beerdigung in die Kirche. Die Generation der Kinder – zumindest in ihrer zahlenmäßigen Mehrheit – empfindet überhaupt keine Bindung an die Pfarrei oder gar die Institution Kirche mehr. Ihnen fällt es dann auch nicht mehr schwer, mit dem ersten selbst verdienten Lohn den Entschluss zu fassen, aus der Kirche auszutreten, um Kirchensteuer zu sparen. Das muss gar keine Gegnerschaft zu Glauben und Kirche ausdrücken, selbst dazu fehlt oft das Interesse. Es ist einfach Gleichgültigkeit. Die Kindeskinder werden dann nicht mal mehr getauft. Natürlich gibt es nach wie vor katholische Milieus, aus denen sich der Priester- und Ordensnachwuchs weiterhin rekrutiert, aber es sind eben deutlich weniger als früher, und sie bilden nicht mehr, wie noch zu meiner Studienzeit, einen breiten Querschnitt der Gesellschaft ab. Kirche wird dadurch nicht nur kleiner, sondern leider auch enger.

Auch das wird innerkirchlich viel zu wenig thematisiert. Engagierte Christen nehmen die jungen, mehrheitlich konservativen Priester, die heute aus den Seminaren kommen, entweder unwidersprochen hin – oder sie bleiben weg. Es gibt wenig Widerstand gegen einen innerkirchlichen Mainstream, der im Grund nicht mit der westlichen Welt kompatibel ist. Man schluckt und tut so, als sei nichts. Auch das ist eine Form von katholischer Inkonsequenz, ja Scheinheiligkeit, die wir, mein Co-Autor und ich, nicht verstehen: Wieso gibt es in dieser Kirche, die doch so sehr um Wahrheit und Wahrhaftigkeit bemüht ist, stillschweigend eine eigene Welt in der anderen? Wieso werden Missstände nicht, wie in anderen gesellschaftlichen Bereichen, angeprangert, diskutiert, reformiert? Wieso erschrickt man immer aufs Neue, wenn sie offenbar werden, zuckt dann mit den Schultern – und schweigt?

Unser Buch heißt *Bei aller Liebe.* Wir haben uns für diesen Titel entschieden, weil er mehrere Deutungen enthält.

»Bei aller Liebe« weist zunächst auf die Liebe zwischen zwei Menschen hin, die öffentlich zu leben bisher römisch-katholischen Priestern nicht möglich ist. Dies liegt nicht nur am Zölibatsgesetz, sondern auch grundsätzlich an einer Moralauffassung der Kirche, die noch keine dem modernen Leben angemessene Einstellung zur Sexualität gefunden hat. Es geht nicht um »Anything goes« oder eine Praxis des »Laisser-faire«, es geht um eine Hilfe und Orientierung in diesem wichtigen Bereich der menschlichen Existenz, die nicht weltfremd und doch am Hauptgebot des Christentums orientiert ist: dem Liebesgebot.

»Bei aller Liebe« drückt aber auch meine Einstellung und die meines Co-Autors Gerd Henghuber gegenüber der Kirche aus. Bei aller Liebe, das sagt man als Einschränkung gegenüber einer Person, Sache oder Institution, der man grundsätzlich gewogen und zugewandt ist, aber in einigen Punkten Vorbehalte hat. Als ich aus dem Kloster austrat, war meine Liebe zur Kirche auf den Prüfstand gekommen. Doch nach einiger Zeit habe ich gemerkt, dass sie nach wie vor meine Heimat ist. Ich werde sie nicht los und sie wird mich nicht los. Ein Freund hat das mir gegenüber einmal so ausgedrückt: »Du liebst deine Mutter Kirche, aber sie hält dich auf Distanz.« Diese Liebe ist der Grund, warum ich dieses Buch geschrieben habe. Ich möchte meiner Kirche dabei helfen, die Zeichen der Zeit zu verstehen. Jetzt ist der Kairos, der geeignete Augenblick, gekommen, sich von der unglückseligen Zölibatsverpflichtung zu trennen. Sonst steht die Kirche wieder einmal, um ein Bild eines meiner Professoren zu verwenden, am Bahnsteig der Geschichte und sieht den Schlusslichtern des abfahrenden Zuges nach. »Vox temporis – vox Dei« war der Wahlspruch des früheren Erzbischofs von München und Freising, Kardinal Michael Faulhaber: »Die Stimme der Zeit ist die Stimme Gottes.« Wenn wir das ernst nehmen, ist der Priestermangel ein Hinweis darauf, dass wir etwas grundsätzlich ändern müssen. Wir müssen den Pflichtzölibat abschaffen.

Ich weiß, ich tue mich heute leichter als andere. Ich bin seit Langem, wie ein Redakteur schrieb, ein Gratwanderer zwischen Kirche und Welt. Seit meinem Austritt aus dem Benediktiner-Orden habe ich einen eigenartigen kirchenrechtlichen Status: Ich bin von meinen Mönchsgelübden dispensiert, das heißt befreit, aber nicht vom Priesteramt suspendiert oder gar laisiert. Ich gehöre keinem kirchlichen Verband, keinem Bistum und keiner Ordensgemeinschaft an. Ich erhalte kein Geld von der Kirche, sondern verdiene meinen Lebensunterhalt selbst. In meinem päpstlichen Entlassungsdekret steht ausdrücklich, dass ich mit Erlaubnis des jeweiligen Bischofs meine Weihe ausüben darf. Das bedeutet, dass auch ich selbst nach wie vor zum Zölibat verpflichtet bin, obwohl ich von meiner Kirche auf Distanz gehalten werde. Zumindest empfinde ich das so, denn trotz mehrmaliger Angebote meinerseits zu einem nebenberuflichen priesterlichen Dienst sieht die Kirche für mich keine geeignete Aufgabe – oder will sie nicht sehen. Meine Einstellung zum Thema Sexualmoral in der katholischen Kirche lege ich im entsprechenden Kapitel dieses Buches dar. Sie mag nicht jedem Vertreter der reinen kirchlichen Lehre schmecken, aber ich glaube, sie könnte die Kirche aus der Sackgasse herausführen, in die sie sich manövriert hat. Auch das ist ein Punkt des *aggiornamento*, des »Heutigwerdens«, wie es Papst Johannes XXIII. als Programm der Kirche seiner – und damit auch unserer – Zeit aufgegeben hat.

Heute befasse ich mich beruflich vor allem mit Werteorientierung in Wirtschaft und Gesellschaft. Ich suche Antworten auf die immer wieder gestellte Frage: Wie führe ich ein Unternehmen, eine Organisation erfolgreich durch den ständigen Wandel, den die Gesellschaft, die Welt, der Markt, die Menschen erleben? Ich bin davon überzeugt, dass es die persönlichen und institutionellen Werte sind, die den langfristigen und dauerhaften Erfolg herbeiführen. Unternehmen müssen oft einen langwierigen Prozess in Gang setzen, um sich ihrer Werte bewusst zu werden. Und einen noch schwierigeren, um diese Werte auch in allen Hierarchiestufen und Bereichen zum Leben zu bringen. Die Kirche als Organisation hätte es da eigentlich leichter: Ihre Werte liegen offen da. Wenn ich die Bergpredigt richtig verstehe, fasst Jesus seine Ethik, sein Wertesystem in einem einzigen Gebot zusammen: dem Hauptgebot der Liebe – mit Gottesbezug. Und die Goldene Regel tut dasselbe für Agnostiker. Papst Franziskus konkretisiert sie in seiner Art mit dem Begriff der Barmherzigkeit. Zusammen mit seiner Maxime »Die Wirklichkeit kommt vor der Idee« könnte das auch ein Hinweis für die Zukunft des Zölibats sein. Die Wirklichkeit besteht darin, dass der Zölibat in den meisten Regionen dieser Welt ein Hindernis für die Zukunft der Kirche darstellt. Mag seine Idee zu anderen Zeiten und in anderen Räumen noch so überzeugend (gewesen) sein: Dort, wo er nicht mehr verstanden wird, behindert er die überzeugte und überzeugende Weitergabe und Feier des Glaubens und die Praxis der Nächstenliebe, die immer ein USP, ein Alleinstellungsmerkmal des Christlichen sein sollte.

Dieses Buch besteht aus zwei Teilen: einem knappen theologischen und einem praktischen Teil. Letzterer wird gebildet durch eine Anzahl von Berichten persönlich durch den Zölibat Betroffener. Absicht ist dabei nicht, eine »chronique scandaleuse« von Zölibatsbrechern aufzulisten, sondern die Realität zu zeigen – und das mehr oder weniger große Leid, das mit dem Zölibat entsteht: für die Priester, ihre Freundinnen und Freunde, und natürlich auch für die Gemeinden. Es sollen dadurch auch nicht all die ins Hintertreffen geraten, die sich in Geschichte und Gegenwart aufrichtig bemüht haben, den Zölibat im Sinn der Kirche zu leben. Wenn sie dabei die Liebe und das Erbarmen Gottes zu den Menschen im Sinn Jesu vermitteln konnten, verneige ich mich vor ihnen mit Respekt.

Die Widmung auf dem Vorsatz des Buches »fratribus caelibatu oppressis« (den vom Zölibat bedrängten Brüdern) verstehe ich in dreifacher Hinsicht: Ich widme dieses Buch den vielen Priestern, die in den letzten Jahren und Jahrzehnten wegen des Zölibatsgesetzes ihren Dienst verlassen haben, um mit ihrer Frau oder ihrem Partner zusammenleben zu können. Viele von ihnen könnten mit einem Federstrich der kirchlichen Obrigkeit wieder reaktiviert werden und wunderbare Seelsorger sein, wie sie es viele Jahre waren.

Ich widme dieses Buch auch den Priestern, die recht und schlecht versuchen, ihre reife Sexualität und ihr Priesterleben in Einklang zu bringen. Manche von ihnen tun dies mit einem ständig schlechten Gewissen, viele mit der Angst, denunziert und dann gemaßregelt zu werden. Ich meine hier ausdrücklich nicht die Missbrauchstäter, deren Treiben die Kirche in jüngster Zeit ganz gehörig gebeutelt hat.

Und ich widme dieses Buch auch denen, die gerne Priester würden, aber durch das Zölibatsgesetz davon abgehalten werden. Auch mit ihnen gehen der Kirche sehr viele Talente verloren.

Danken möchte ich an dieser Stelle vielen Menschen, denen ich in meiner Klosterzeit begegnen durfte und die mir ganz unvoreingenommen ihre Ansichten zum Zölibat mitgeteilt haben. Auch dadurch wurde meine anfangs sehr enge Sicht auf das Thema weiter und dadurch menschlicher. Danke auch meinem Mitautor Gerd Henghuber. Es ist das dritte Mal, dass wir zusammen ein Buch verfassen. Er ist Journalist und engagierter Katholik, Pfarrgemeinderat in einer großen Münchner Pfarrei. Von ihm stammen die Erlebnisberichte Betroffener, die sehr eindrücklich zeigen, zu welch zum Teil bedrückenden, zum Teil abstrusen Lebensrealitäten der Zölibat Menschen zwingt, die ihm unterworfen sind: die Priester sowie ihre Partnerinnen und Partner. Last but not least danke ich meiner Verlegerin Felicitas von Lovenberg und meiner Lektorin Anja Hänsel. Beide haben das Projekt initiiert und engagiert begleitet.

München, Pfingsten 2018
Anselm Bilgri

Sexualität

Sexualität ist eine der stärksten Lebensmächte und Triebkräfte in der belebten Welt. Sie bindet durch die Fortpflanzung Individuen besonders aneinander. Beim Menschen ist die Sexualität über die Funktion der Fortpflanzung hinaus aber auch ein wichtiges Element seiner Beziehung zum Übermenschlichen und damit zur Religion. Davon geben alte Kultfiguren wie z. B. die Venus von Willendorf, der griechischer Hermes oder der römische Priapus beredtes Zeugnis.

Auch im Judentum trifft das von Anfang an zu. Schon die Schöpfungsgeschichte der Genesis, des ersten Buches Mose, betont die Gleichwertigkeit und Differenz der Geschlechter. Mann und Frau vereinigen sich zur Fortpflanzung. Sie sind ursprünglich nackt; erst durch den Sündenfall nehmen sie ihre Nacktheit wahr und empfinden darüber Scham. Und damit beginnt die niedergeschriebene Geschichte der Sexualität. So bieten denn auch die Erzählungen des Alten Testaments einen bunten Reigen sexuellen Verhaltens – auch Fehlverhaltens. Dies reicht vom Angebot des sexuellen Missbrauchs zum Schutz des Gastrechts in Sodom bis zur Tötung des Feldherrn Urija, weil König David ein Auge auf dessen Frau geworfen hatte. Onan, ein Neffe des ägyptischen Josef, hat den Sinn der

Schwagerehe verkehrt, indem er seinen Samen auf die Erde fallen ließ, also Coitus interruptus vollzog. Deshalb bezeichnet man fälschlicherweise die Selbstbefriedigung als Onanie. Und Ham, der jüngste Sohn Noahs, des Überlebenden der Sintflut, wird von seinem Vater verflucht, weil er ihn im Weinrausch nackt gesehen und das weitererzählt hat.

All diesen zum Teil erschreckenden Erzählungen zum Trotz wird im Alten Testament und im Judentum bis zum heutigen Tag die Sexualität als Schöpfergabe positiv gesehen. Das gilt sowohl für die lustbetonte Sexualität ohne die Absicht der Fortpflanzung als auch für die auf Fruchtbarkeit zielende Sexualität. Ausnahmen sind Vergewaltigung, Inzest, über einen langen Zeitraum auch Homosexualität und »Sodomie«, Letzteres ein sehr unbestimmter Begriff für sexuelle Abweichungen. Im orthodoxen Judentum gilt Homosexualität auch heute noch als schwere Sünde, in liberalen Gemeinden wird dies anders gesehen, dort ist teilweise sogar eine Segnung homosexueller Paare möglich.

Im frühen Christentum und in der Kirche des Mittelalters

Die Sexualmoral des Christentums ist von Anfang an restriktiver. Dies ist bereits im Neuen Testament angelegt. Die in der Antike weitverbreitete Freizügigkeit des Mannes wird massiv eingeschränkt. Das Christentum verwarf auch den Verkehr mit Dirnen und den erzwungenen Verkehr mit Sklavinnen – beides galt in der traditionellen antiken Gesellschaft bis dahin nicht als Ehebruch. Die große Veränderung, die damit einherging, bestand darin, dass der gesellschaftliche Stand der Frau bei der Bewertung einer sexuellen Beziehung keine Rolle mehr spielte. Die Haltung war eindeutig: Erlaubte Sexualität spielte sich für Christen nur noch in der eigenen Ehe ab.

Die frühchristliche Sexualethik verbindet jüdische Traditionen mit Tendenzen griechisch-römischer Philosophie, vor allem der Stoa. Deren Position, der Geschlechtsverkehr könne unter die Herrschaft der Vernunft gezwungen werden, indem man ihn einem Zweck unterordne, leuchtete den frühen Theologen unmittelbar ein. Ihre Begründung findet die Hochschätzung der Ehe in der kompromisslosen Ablehnung der Ehescheidung durch Jesus (Markus 10,9). Diese Haltung war beispiellos, im Judentum wie im Heidentum. Tatsächlich äußert sich Jesus zum Thema Sexualität nur im Zusammenhang mit der Ehe. Als Antwort auf die berühmte Sadduzäerfrage, mit welchem ihrer Männer eine siebenfache Witwe im Himmel verheiratet sei, erklärt er die Ehe zu einer diesseitigen Institution (Markus 12,25), und an einer ebenso berühmten Stelle spricht er von einer freiwilligen Ehelosigkeit »um des Himmelreichs willen« (Matthäus 19,12).

Diese Form der freiwilligen Ehelosigkeit wird in den jungen Christengemeinden bejaht und empfohlen, wenn sie dem Gebet und der ungeteilten Hingabe an die Sache des Herrn dient. Es handelt sich also eher um eine »Ehefreiheit« als um ein Verbot. Denn eine grundsätzliche Ablehnung der Ehe gilt als Irrlehre der Gnostiker, die den Leib insgesamt als Gefängnis der Seele betrachten, ihn daher geringschätzen und Sexualität verdammen.

Trotz positiver Bewertung der Sexualität als Teil der Schöpfungsordnung betonen die frühen Gemeinden die Gefahren des Missbrauchs. Auf der einen Seite werden daher Ehe und Fortpflanzung genauso zum Wert erhoben wie auf der anderen Ehelosigkeit und Enthaltsamkeit. Die innere Einstellung des Menschen erhält ein höheres Gewicht als äußere Handlungen. Dem Geschlechtsakt wird zwar eine heilige symbolische Bedeutung verliehen, er wird aber anderen menschlichen Werten untergeordnet und man sieht in ihm letztlich doch etwas potenziell Böses. Im Neuen Testament gibt es mehrere sogenannte Lasterkataloge, in denen an erster Stelle »Unzucht« genannt wird. Darunter versteht der Apostel Paulus vor allem den Verkehr mit Prostituierten. Ein besonderes Verbot betrifft den homosexuellen Verkehr. Er gilt dem Apostel als naturwidrig.

Die weitere Entwicklung der Einstellung der Kirche zur Sexualität wird durch den Begriff der kultischen Reinheit geprägt, die gegen die Absicht Jesu auch im christlichen Kontext eine zunehmende Rolle spielt. Das Heiligkeitsgesetz des Alten Testaments dringt sozusagen durch die Hintertür in die sich formende christliche Kirche ein. So kommt es zu der Auffassung, Körperflüssigkeiten machten den Menschen kultisch unrein, d. h. unfähig, am Gottesdienst teilzunehmen. Menschen, die durch nächtlichen Samenerguss, Blutfluss und Menstruation, Inzest oder Verkehr mit Tieren unrein geworden waren, mussten sich Reinigungsritualen unterziehen.

Dabei kennt bereits das Judentum eine Gegenbewegung gegen diese Haltung: Schon die Propheten verlangten im Gegensatz zur kultischen Reinheit eine innerliche Reinheit durch ethisch korrektes Verhalten. Sie forderten ein »reines Herz« statt vieler Opfer. In dieser prophetischen Linie bewegte sich auch die Verkündigung Jesu. Nicht die Einhaltung äußerer Reinheit, wie etwa das Händewaschen der Juden vor dem Essen, macht den Menschen vor Gott wohlgefällig, sondern rechtes Verhalten dem Nächsten gegenüber. Dieses rechte Verhalten der Nächstenliebe soll auch den Umgang mit Sexualität in den jungen Christengemeinden prägen. Im Gegensatz zur heidnischen Umwelt werden Männer und Frauen als grundsätzlich gleichwertig betrachtet, was ihre Sexualität anbetrifft. Daher wird jede einseitige Bevorzugung des Mannes bewusst abgelehnt: Prostitution, Empfängnisverhütung und Abtreibung werden als Sünden wider die Nächstenliebe gebrandmarkt. Dieser disziplinierte Umgang mit der menschlichen Sexualität findet denn auch durchaus Anklang in der griechisch-römischen Gesellschaft und in der von den zeitgenössischen Philosophenschulen geprägten Kultur.

Ab dem 4. Jahrhundert macht sich in der Kirche ein askesefreundliches Klima breit. Eremiten- und Mönchtum, die Hochschätzung des Jungfrauen- und Witwenstandes und das allmähliche Aufkommen der Zölibatsforderung führen zu einer Hochschätzung der ehelosen Lebensform und parallel zu einer Geringschätzung, ja Verteufelung der Sexualität. Ein Wüstenvater – so bezeichnet man berühmte geistliche Autoritäten der Eremiten, bringt diese Einstellung mit einem Weisheitsspruch auf den Punkt: »Die Mönche sollten sich vor zwei Dingen hüten: dem Bischof und der Frau.« Der Bischof will sie zu Priestern machen, die Frau will sie verführen. Damit schleicht sich auch eine erneute Minderstellung der Frau in das Christentum ein: Die Frau gefährdet die Enthaltsamkeit der Männer. Man sieht dies schon in der Schöpfungsgeschichte vorgebildet: Eva wird als Verführerin Adams interpretiert, der Frau eignet eine bedrohliche Kraft, sie ist die Versucherin des Mannes.

Sexuelle Lust soll daher nur zwischen Mann und Frau in der Institution der Ehe praktiziert werden. Der für die christliche Ethik äußerst einflussreiche Kirchenlehrer Augustinus geht sogar noch einen Schritt weiter und fordert, dass der Geschlechtsverkehr auch innerhalb der Ehe nur zum Zweck der Fortpflanzung erfolgen dürfe. Die Ehe diene einem dreifachen Gut: dem Gut von Kindern, dem Gut der Treue und dem Gut der Unauflöslichkeit. Andere Theologen sehen – wie der Apostel Paulus – den Sinn der Ehe als Abhilfe für die Lust. Sie bietet eine Möglichkeit der tugendhaften sexuellen Vereinigung auch ohne direkten Bezug zur Fortpflanzung, für die sie aber grundsätzlich offen sein muss. Im Mittelalter – im Rahmen der Entwicklung der Ohrenbeichte – entstehen detaillierte Listen, die sündhafte und damit verbotene Formen der Sexualität aufführen, darunter Ehebruch, Unzucht, oraler und analer Sex, Masturbation und einige spezielle Stellungen für den Geschlechtsakt, von denen vermutet wird, dass sie die Fortpflanzung verhindern sollen.

Die Reformationszeit

Obwohl das Christentum im Gegensatz zu einigen philosophischen Strömungen der Antike weder gegen den Körper noch gegen die Ehe eingestellt ist, entwickelt die Tradition der Kirche eine im Großen und Ganzen negative und pessimistische Sicht der Sexualität. Und diese Einstellung setzt sich auch bei den Reformatoren des 16. Jahrhunderts fort. Sie lehnen zwar den Zölibat für Priester ab, weil sie jeden speziellen »Stand der Heiligkeit« verwerfen, setzen dem aber das Ideal der Ehe und Familie entgegen. Beide sind stark von Paulus und Augustinus und ihrer Sicht der Ehe als rechtem Ort für die Sexualität geprägt. Ehe und Familie werden quasi obligatorisch, das evangelische Pfarrhaus zum Idealbild der Familie. Dort lernt man den Gehorsam gegen Gott und entwickelt wichtige menschliche Werte. Der Mann ist der Frau übergeordnet, die Eltern den Kindern. Es versteht sich fast von selbst, dass die Reformatoren mit ihrer Betonung der Ausschließlichkeit von ehelicher Sexualität jede voreheliche und außereheliche sexuelle Praxis strikt ablehnen.

Die katholische Reaktion bleibt nicht aus. Sie betont bewusst den hohen, wenn nicht höheren Wert des ehelosen Lebens »um des Himmelreiches willen«, bestärkt die Zölibatsforderung und versucht diese konsequenter als bisher durchzusetzen, indem sie die Ausbildung der Priester und Formung der Ordensleute regelt. War doch die skandalöse Nichtbeachtung des Zölibats einer der Gründe für den Erfolg der Reformation gewesen.

Auf dem Weg in die Gegenwart

In der Grundeinstellung zur Sexualität ändert sich auch in den folgenden Jahrhunderten wenig: Sie ist nur in der Ehe erlaubt und dort nur zum Zweck der Fortpflanzung. Im 19. Jahrhundert und in der ersten Hälfte des 20. Jahrhunderts betonen moralische Handbücher vor allem die Sünden der Unkeuschheit »in Gedanken, Worten und Werken«.

Sünden gegen das sechste Gebot waren grundsätzlich schwere Sünden, die die ewige Verdammnis zur Folge hatten, wenn sie nicht gebeichtet wurden. Dabei hatte dieses Gebot ursprünglich nur das Vergehen des Ehebruchs im Blick gehabt, und zwar im Sinne eines Eigentumsdelikts.

Die Frau galt ja im Altertum als Besitz des Mannes; daher verging sich ein Ehebrecher am Eigentum eines anderen. In der kirchlichen Praxis wurden aber alle als verboten und sündig betrachteten sexuellen Handlungen mit diesem Gebot sanktioniert. Deshalb fragten die Beichtväter oft nach, wenn diese Materie nicht zur Sprache kam. Was wiederum nicht nur bei Heranwachsenden zu Ängsten und manchmal zu ekklesiogenen Neurosen oder zu einer Verweigerungshaltung führte. Spötter sprachen von der Unterleibsfixiertheit der kirchlichen Verkündigung und Praxis im Beichtstuhl. Noch in den Fünfziger- und Sechzigerjahren war ein Mitbruder meines Klosters einer der begehrtesten Beichtväter in der Stadt München, weil er grundsätzlich das Beichtgespräch nach dem fünften Gebot abbrach mit der Bemerkung: »Den Rest schließen wir in die Lossprechung mit ein.«

Erst mit dem neuzeitlichen Aufkommen der Empfängnisverhütung kam Bewegung in die kirchliche Beurteilung der Sexualität. Aus der Antike kannte man Formen der Geburtenkontrolle, die durch das Christentum schwer sanktioniert waren: Abtreibung und Kindsmord. Der hohe Wert menschlichen Lebens, auch des ungeborenen und unmündigen, war eine der großen Errungenschaften christlicher Moral. Trotzdem kam es immer wieder zu diesen Vergehen, die ungewünschte Folgen des Geschlechtsverkehrs beseitigen sollten.

Mit der Entdeckung der natürlichen und künstlichen Methoden der Empfängnisverhütung wurde dieses Thema auch für die kirchliche Sexualethik virulent. Papst Pius XII. erlaubte die sogenannte Rhythmusmethode, die sich den Menstruationszyklus der Frau mit Berechnung der unfruchtbaren Tage zunutze macht. Damit wurde nach langen Jahrhunderten der Grundsatz aufgegeben, dass der Geschlechtsverkehr auch in der Ehe nur mit dem Ziel der Fortpflanzung ausgeübt werden dürfe. Die künstliche Empfängnisverhütung, vor allem Verhütung mithilfe der damals so bezeichneten »Anti-Baby-Pille«, versuchte noch Papst Paul VI. ausgerechnet im Jahr 1968 – das gleichzeitig mit der Studentenrevolte die sexuelle Emanzipation propagierte – in seiner berühmt gewordenen Enzyklika *Humanae Vitae* für Katholiken als inakzeptabel anzuprangern. Eine Kommission von Bischöfen und Kardinälen hatte sich vorher positiv zur Empfängnisverhütung geäußert. Daraus entstand weltweit in der Kirche ein heftiger Konflikt, der bis heute anhält. Die Mehrheit der Katholiken verweigert der kirchlichen Weisung die Gefolgschaft und beruft sich auf die Priorität der eigenen Gewissensentscheidung. Das Andenken des betont vorsichtig agierenden Papstes Paul VI. ist seither angekratzt, er wird bis heute oft als »Pillen-Paul« verspottet. Auch wenn das Thema Empfängnisverhütung nur einen von vielen Bereichen der kirchlichen Sexualmoral darstellt, so ist es doch zum Fanal geworden. Seither sind viele der spezifischen Moralregeln, denen die Sexualität in der katholischen Theologie unterliegt, ernsthaft infrage gestellt worden. Das offizielle Lehramt, besonders unter dem langen Pontifikat Johannes Pauls II. und seines Glaubenswächters Kardinal Joseph Ratzinger, hat frühere Weisungen immer wieder bestätigt und aufrechterhalten. Inzwischen scheint sich jedoch, verstärkt unter Papst Franziskus, die pastorale Praxis dem modernen Leben der Menschen anzupassen. Scheidung und Wiederverheiratung, vorehelicher Sex, Homosexualität, künstliche Befruchtung, Genderthematik und der Zölibat werden offen debattiert und kontrovers beurteilt.

Neue Wege

Vor einigen Jahren hat die US-amerikanische Ordensfrau und Theologin Margaret A. Farley in ihrem Buch *Just Love* den Versuch einer »neuen christlichen Sexualmoral« unternommen. Der etwas reißerische deutsche Titel *Verdammter Sex* verschleiert die seriöse und tastende Art der Autorin, sich dem Thema anzunähern. Natürlich darf auch der Hinweis des deutschen Verlags nicht fehlen, dass der Vatikan erzürnt sei und in dem Buch eine große Gefahr für alle Gläubigen sehe. Tatsächlich gehören Moraltheologie und Sexualethik zu den letzten Disziplinen katholischer Theologie, die noch massive Reaktionen der Glaubenskongregation hervorrufen.

Es geht Margaret Farley um »gerechten« Sex oder, wie sie sagt, um eine gute und angemessene Praxis der Sexualität. Sie greift auf vier Quellen zurück: die biblische Überlieferung, die Tradition der Kirche, die Erkenntnisse der Wissenschaft und die konkreten Erfahrungen der Menschen. Für diesen gerechten Sex stellt sie sieben Normen auf, die sämtlich einem der drei Grundsätze katholischer Soziallehre, nämlich der Personalität, verpflichtet sind. Personalität bedeutet, den Menschen als Person wahrzunehmen. Personen sind von unbedingtem Wert und Zweck in sich, weil sie von Gott geschaffen und von ihm geliebt werden und er den Menschen den Befehl und die Aufforderung gegeben hat, einander als Ziel zu behandeln und nicht als Mittel zum Zweck. Dies ist die christliche Variante des kategorischen Imperativs von Immanuel Kant: »Handle so, dass du die Menschheit sowohl in deiner Person, als in der Person eines jeden anderen jederzeit zugleich als Zweck, niemals bloß als Mittel brauchst.« Menschen sind

Personen, weil sie die Fähigkeit zur freien Entscheidung und damit zur Selbstbestimmung haben und weil sie fähig sind, Beziehungen einzugehen. Der Mensch, so sagt schon Aristoteles, ist ein *animal sociale*, ein Wesen, das in Beziehungen existiert. Angewandt auf die Forderung nach einer gerechten Sexualität heißt das für Farley: Die Ziele von Sexualität sollten mit der konkreten Realität von Menschen übereinstimmen oder sie zumindest nicht verletzen. Elemente, die zur Erfahrung menschlicher Sexualität gehören, sind Verkörperung, Gefühle, Lust und Begehren, Liebe, Sprache, Kommunikation, Fortpflanzung und Macht. Damit sie in gerechter Art und Weise gelebt werden können, entwickelt sie ihre Normen: Unversehrtheit, Einvernehmlichkeit, Gegenseitigkeit, Gleichheit, Verbindlichkeit, Fruchtbarkeit und soziale Gerechtigkeit.

Die Forderung nach **Unversehrtheit** entspringt direkt aus dem Gebot, anderen keinen Schaden zuzufügen. Gerade im Bereich des Sexuellen ist die Verletzlichkeit besonders groß. Lust und Begehren können zum Schlagstock werden. Im körperlichen Bereich ist der Mensch anfällig für sexuelle Ausbeutung, Prügel, Vergewaltigung, Versklavung und die Gefahren, die vom ungeschützten Geschlechtsverkehr ausgehen. Im Seelischen bestehen die Bedrohungen durch Täuschung, Betrug, ungleiche Erwartungen, Verführung und den Schmerz der ausbleibenden Erfüllung.

Die MeToo-Debatte der jüngsten Vergangenheit hat das Augenmerk auf die Norm der **Einvernehmlichkeit** fokussiert. Sie schließt Gewalt und den Gebrauch von Macht gegenüber Personen, die nicht einverstanden oder nicht reif für ein freies Einverständnis sind, aus. »Nicht anfassen, nicht eindringen, nicht benutzen«, so heißt das Gebot. Es sei denn, ein Individuum stimmt freiwillig zu.

Diese beiden Normen entspringen dem Prinzip der Selbstbestimmung des Individuums. Die Fähigkeit und Notwendigkeit, Beziehungen einzugehen und zu pflegen, führt zu weiteren Normen.

Da ist zum einen die **Gegenseitigkeit,** die heute als selbstverständlich erscheint, was aber nicht immer so war. Männliche Aktivität und weibliche Passivität waren traditionelle Vorstellungen, die zwar überwunden scheinen, die aber im Verborgenen oft weiter wirkmächtig sind. Auch auf homosexuelle Praktiken wird dieses alte Schema oft übertragen, wenn heterosexuelle Menschen naiv fragen: Wer ist bei euch der Mann, wer die Frau? Der Forderung nach Gegenseitigkeit liegt etwas zugrunde, was moderne Philosophen »ein zweifaches gegenseitiges Zufleischwerdenlassen« nennen.

Daraus resultiert eine weitere Norm: die der **Gleichheit.** Gemeint ist die Gleichheit an Macht. Größere Unterschiede des sozialen oder ökonomischen Status, des Alters, der Reife, der beruflichen Identität können – müssen aber nicht unbedingt – ein Ungleichgewicht der Macht nach sich ziehen und zu Verletzlichkeit und Abhängigkeit führen.

Eine Forderung, die der Definition des Menschen als ein Beziehungswesen entspringt, ist die **Verbindlichkeit.** Das christliche Bild der Ehe als eine Form des Bundes oder zumindest des Vertrages kannte schon immer diese Norm, wenn auch ausschließlich für die heterosexuelle Ehe. Heute, da Sexualität eine höhere Wertschätzung erfährt als zu früheren Zeiten, zeigt sich auch ihre Schwäche. Sie entpuppt sich weder als der unbezähmbare Trieb, für den frühere Christen ihn hielten, noch als der ursprüngliche Impuls, als den die frühe psychoanalytische Theorie sie sehen wollte. Sie scheint aus eigener Kraft nicht einmal fähig zu sein, ihre Leidenschaft zu bewahren. Die Schlussfolgerung, die Farley zieht, besteht darin, dass das sexuelle Begehren ohne zwischenmenschliche Liebe zu Enttäuschung und wachsender Desillusionierung führt. Daher könnte Verbindlichkeit in sexuellen Fragen als Gewinn und Erweiterung erfahren werden. Christliche Sexualethik kann sehr wohl Verbindlichkeit als Norm für sexuelle Beziehungen und Aktivitäten festlegen, selbst wenn sie sich darauf beschränkt, dem Partner keinen Schaden zuzufügen, die freie Entscheidung, die Gegenseitigkeit und die Gleichheit zu respektieren.

Eine schöne Formulierung und moderne Interpretation für die traditionelle Pflicht zur Fortpflanzung entwickelt Farley in der Forderung nach **Furchtbarkeit.** Hieß es früher: Wo Sex stattfindet, muss auch gezeugt werden, argumentiert man heute so: Wenn Sex zur Zeugung führt oder führen kann, muss die verantwortungsvolle Sorge für den Nachwuchs gewährleistet sein. Dabei versteht Farley Fruchtbarkeit aber nicht nur als Zeugung von Nachwuchs, sondern als Offenheit für andere im weitesten Sinn. Sie kann andere Beziehungen nähren, anderen wertvolle Dinge vermitteln, die fruchtbare Arbeit von Partnern inspirieren, beim Großziehen von Kindern anderer Menschen helfen und so weiter.

Umgekehrt darf auch die einzelne Person die Anerkennung durch die Gesellschaft, in der sie lebt, erwarten. Diese wird durch die Norm der **sozialen Gerechtigkeit** sichergestellt. Ob Menschen ledig oder verheiratet sind, hetero- oder homosexuell, bi- oder intersexuell, alt oder jung, behindert oder nicht behindert oder unfähig, ihre Sexualität in den üblichen Formen auszudrücken – alle haben

Anspruch auf den Respekt der christlichen Gemeinschaft und der Gesellschaft im Ganzen. In unserem Kontext bedeutet das: Sie haben ein Recht auf sexuelle Selbstbestimmung, wobei die Grenze dort verläuft, wo die gerechtfertigten Ansprüche anderer verletzt oder beeinträchtigt werden. Sexuelle Beziehungen haben andererseits dafür zu sorgen, dass keine »Dritten« verletzt werden. Denn es gibt immer »Dritte in der Liebe«: zukünftige Partner, Kinder, die einer der Partner haben könnte, deren Partner und deren Kinder. Von den Sexualpartnern verlangt die Norm der sozialen Gerechtigkeit zum Mindesten, dass sie die Verantwortung für die Folgen ihrer Liebe und ihrer sexuellen Aktivität übernehmen.

Ich habe den Ansatz von Margaret Farley deshalb so ausführlich wiedergegeben, weil er meines Erachtens eine gelungene Synthese zwischen den traditionellen Grundsätzen katholischer Moral und den Gegebenheiten der modernen (zugegeben westlichen) Welt in Bezug auf die Praxis der Sexualität darstellt. Trotzdem ist dies nur eine sehr kursorische Zusammenfassung ihres gut lesbaren Buches. Ich hoffe dennoch, ihren Gedankengang nicht allzu sehr verkürzt und damit seiner Intentionen beraubt zu haben. Nochmals auf den Punkt gebracht: Die persönliche Freiheit des Einzelnen als die Errungenschaft der Aufklärung wird gezügelt durch die Freiheit des anderen; Farley nennt diese Grenze Gerechtigkeit. Ihre »neue Sexualmoral« – sicher eine unter mehreren Ansätzen anderer Moraltheologen – ist nicht nur eine Vision, wie Kirche künftig mit dem Thema Sexualität umgehen könnte. Sie ist gleichzeitig auch eine sehr gute Darstellung des derzeitigen Ist-Zustandes unserer Gesellschaft(en) und ihres Umgangs mit Sex.

Wer es heute auf sich nimmt, zölibatär leben zu wollen, ist mit dieser Welt konfrontiert. Sexualität ist medial allgegenwärtig, Schamhaftigkeit ist keine Tugend mehr, sie gilt als ebenso altjüngferlich wie die Keuschheit. Dass man freiwillig sexuell enthaltsam leben könne, glaubt einem keiner mehr – auch kein gläubiger Katholik. Damit verliert der Zölibat endgültig seine Kraft, die er vielleicht nie hatte.

Nur geküsst haben sie sich nicht

Anton Aschenbrenner und seine Freundin Birgit lebten jahrelang zusammen im Pfarrhof. Niemand hat daran Anstoß genommen. Bis Birgit schwanger wurde.

Hintereben, Bayerischer Wald: Von Waldkirchen fährt man hinunter ins Tal des Pollmannsdorfer Bachs, dann auf der anderen Seite wieder hoch, über die Felder und vorbei an vielen eher kleinen als großen Landwirtschaften. Man kommt nacheinander durch die Dörfer Traxing, Ratzing, Reichling und Poppenreut. Nach rund 15 Kilometern erreicht man auf einer Anhöhe das Dorf Hintereben: elf Straßen, eine Kirche, eine Grundschule, ein Feuerwehrhaus, ein Sportplatz. 744 Wahlberechtigte bei der Bundestagswahl 2017. 317 von ihnen sind zur Wahl gegangen, 129 stimmten für die CSU, 67 für die AfD, 37 für die SPD, 22 für die FDP, 16 für die Grünen, 12 für die Bayernpartei. Es ist ein sehr abgelegenes Stück Bayern, sechzig Kilometer nördlich von Passau im Bayerischen Wald, mit einem in jeder Hinsicht konservativen Menschenschlag, dem man Eigensinn ebenso nachsagt wie das Herz auf dem rechten Fleck. Wen sie darin eingeschlossen haben, der gehört zu ihnen und dem halten sie die Treue. Und von einem aus der Stadt lassen sie sich ganz gewiss nicht erklären, was

Lebensläufe so mit sich bringen können. Das wissen die Hinterebener selbst am besten.

Ein Workaholic am Altar

Anton Aschenbrenner ist ziemlich schnell einer von ihnen geworden, seit er ihr Pfarrer ist. Geboren wurde er zwar in der Oberpfalz, in Roding im Landkreis Cham – dem Ort der riesigen Klosteranlage der Missionsdominikanerinnen vom Heiligsten Herzen Jesu und unweit der Baustelle der geplanten Wiederaufbereitungsanlage für abgebrannte Atombrennstoffe in Wackersdorf. Beide Bezugspunkte haben den jungen Mann geprägt und ihn zum »roten Kaplan« gemacht, als der er oft bezeichnet wird, ein wenig spöttisch, aber sehr viel mehr noch bewundernd. Aschenbrenner wird mit nur 29 Jahren Pfarrer in Hinterebeben. Rasch imponiert er den Menschen in der Pfarrei: Da steht einer vor ihnen, der reden kann, der Werte und Standpunkte vertritt, der die Leute mag und auf sie zugeht – und der anpackt. »Ich wollte die Welt verändern, dafür bin ich Priester geworden«, erinnert sich Aschenbrenner. Er arbeitet als Weltanschauungsreferent und engagiert sich in der Eine-Welt-Bewegung. Daneben beschäftigt er sich mit Psychologie und Meditation. »Ich war ein Workaholic, habe zweihundert Prozent geleistet.« Die Pfarrei floriert, es gibt Eintritte in einer Zeit anschwellender Austritte, und Aschenbrenner geht in seiner Aufgabe vollkommen auf.

Ein einsames Pfarrhaus

Die neugotische Pfarrkirche Maria, Hilfe der Christenheit, wurde 1899 erbaut. Aus der Bauzeit stammt noch der Hochaltar, die weitere Ausstattung ist modern. Schon Aschenbrenners Vorgänger ließ in Hintereben den Reformgeist des Zweiten Vatikanischen Konzils wehen. Direkt neben der Kirche liegt der Pfarrhof, in den der junge Pfarrer zunächst nicht einziehen kann, weil er baufällig ist. »Zum Glück!«, sagt Aschenbrenner rückblickend. »Als Pfarrer abends allein in einem so riesigen alten Haus: das hält man doch nicht aus, da wird man depressiv oder zum Alkoholiker.« Stattdessen wohnt er auf einem Bauernhof im alten Austragshaus zur Untermiete, ist aber immer viel unterwegs: auf Fortbildungen, mit den Ministranten, bei der Bergwacht, in den Vereinen des Ortes und bei Familien zu Abendessen, wo er häufig auch übernachtet. »Heute weiß ich, dass mich Unruhe trieb. Dass ich durch die viele Arbeit auch davongelaufen bin. Vor meiner Einsamkeit, vor meinem Wunsch nach Nähe, Zärtlichkeit, Intimität. Das konnte nicht lange gut gehen.«

Die neue Englischlehrerin

Auch wenn er sich das nicht sofort eingesteht, merkt der junge, gut aussehende Priester, dass er vielen Frauen im Dorf gefällt und dass auch er sie begehrt. Es gibt Flirts, es prickelt ... mehr ist nicht, und Aschenbrenner hat auch keine Zeit, sich näher mit diesen Gefühlen zu befassen. Er schiebt das Thema weg, er hat keine Zeit dafür. Birgit aber kann er nicht lange verdrängen. Die junge, sportliche Lehrerin gibt Englisch und Erdkunde am Gymnasium in Waldkirchen, wo der Pfarrer katholische Religion unterrichtet. Es knistert zwischen ihnen im Lehrerzimmer, und die beiden stellen rasch fest, dass sie sich gemeinsam für die Natur begeistern. Sie unternehmen in ihrer Freizeit vieles gemeinsam, machen Ausflüge, wandern, Birgit bringt ihr Pferd nach Niederbayern. Es dauert nicht lange, bis sich der Pfarrer und die Lehrerin auch zärtlich näherkommen – bei einer Fortbildung in Kloster Banz. »Es war uns ziemlich rasch klar, dass wir füreinander bestimmt sind und miteinander leben wollen«, sagt Aschenbrenner heute.

Herr Pfarrer mit Begleitung

Zunächst versuchen die beiden, ihre Beziehung geheim zu halten. Wenn Birgit beim Pfarrer übernachtet, schleichen sie abends auf sein Zimmer und morgens in aller Früh davon. Bis die Bäuerin Aschenbrenner eines Tages ganz direkt fragt: »Bleibt deine Freundin morgen zum Frühstück?«

»Das hat mich total überrascht«, sagt Aschenbrenner, »aber es hat sich schnell gezeigt, dass die Menschen in der Pfarrei überhaupt kein Problem damit hatten, wenn ihr Pfarrer eine Freundin hat.« Hauptsache, sie haben einen. So kommt es, dass die beiden immer häufiger gemeinsam zu Veranstaltungen gehen. Die Jägervereinigung ist der erste Verein, der die beiden sogar zu zweit einlädt. Kurz erschrecken sie und überlegen, ob sie nicht zu unvorsichtig geworden sind, aber die Zweifel verschwinden wieder, als sie der Vorsitzende herzlich begrüßt: »Schön, dass du deine Freundin mitgebracht hast, Anton.« Auf dem Dorffest tanzen sie gern und bei manchen Liedern auch eng. Wer in Hintereben sehen will, was es zu sehen gibt, weiß, dass die beiden ein Paar sind. »Es ist auch nicht so, dass es keine Anspielungen auf unser Verhältnis gab«, erzählt Aschenbrenner, »aber niemals als Vorwurf, immer mit Verständnis und Akzeptanz.« Im Grunde hindert in diesen Jahren der Zölibat die beiden an kaum etwas – nur Küssen in der Öffentlichkeit bleibt tabu.

Zu zweit im Pfarrhof

Als die Kirchenverwaltung in Hintereben darangeht, den alten Pfarrhof zu renovieren, plant sie ausdrücklich für den Bedarf eines Paares. Offiziell gilt Birgit als Untermieterin des Pfarrers. Niemand stört sich daran, niemand verliert ein kritisches Wort, die Leute in der Pfarrei wissen, was sie an ihrem Pfarrer haben, und sie wissen auch, dass es den meisten Menschen nicht guttut, auf Dauer allein zu sein. Von einem seiner Vorgänger erzählt man sich, dass er mehrere Söhne habe. In einer Gegend, in der beinahe jeder jeden kennt, grenzen manche Gerüchte an verbürgte Wahrheit. Als die beiden nach einiger Zeit im wenige Kilometer entfernten Nachbarort ein Haus bauen wollen, diskutiert man im Gemeinderat den Bauantrag für ein Einfamilienhaus: für einen katholischen Priester vielleicht etwas ungewöhnlich, aber wieso eigentlich nicht?

Das Ordinariat schweigt

Auch das Bischöfliche Ordinariat in Passau schweigt jahrelang – bis es offenbar eine gezielte Denunziation gibt. Aschenbrenner vermutet, dass ihn einer der erzkonservativen Pfarrer verpetzt hat, die jetzt aus den katholischen Priesterseminaren kommen. Doch der Generalvikar im Bistum ist nicht besonders an Aufklärung interessiert: »Ich hab gehört, dass ihr zusammenlebt, ist da mehr?«, fragt er Aschenbrenner. Der schweigt, der Generalvikar fragt nicht weiter nach, und Aschenbrenner versteht das als eine Form der Duldung. »Die Verantwortlichen der Kirche haken nicht besonders streng nach, wenn sie ein Verhältnis vermuten«, sagt Aschenbrenner. »Solange sie offiziell nichts davon wissen, ist es ihnen sogar recht, denn sonst müssten sie handeln und würden noch mehr ihrer besten Priester verlieren. Natürlich kann man das scheinheilig nennen, aber es ist auch pragmatisch.« Das gelte für heterosexuelle Beziehungen genauso wie für homosexuelle – wobei schwule Pfarrer mit ihren Freunden viel weniger auffielen in dieser Männerorganisation, so Aschenbrenner. »Dass ein Pfarrer mit einem Mann in den Urlaub fährt, ist die Regel, wohingegen der Urlaub mit einer Frau ein sehr deutliches Zeichen für eine Beziehung ist.« Der Hinterebener Pfarrer und seine Freundin fahren in den Jahren ihrer verdeckt-offenen Beziehung gemeinsam mit dem VW-Bus nach England, zum Klettern nach Südtirol sowie nach Kreta, Sizilien und Mallorca. Ohne Aufsehen, ohne Skrupel. Auch Birgit fühlt sich in all den Jahren nie schuldbewusst. Dennoch ist es für sie eine spannungsgeladene Zeit, weil sie sich nicht sicher ist, wie ihr Partner die ganze Situation verträgt.

Bis Birgit schwanger wird

Zum Problem wird die Beziehung erst, als Birgit ungeplant schwanger wird. »Scheiße«, sagt der Generalvikar nur, als Aschenbrenner ihn davon unterrichtet. »Dann müssen wir doch zum Bischof.« Der bietet zunächst das übliche Vorgehen an: Birgit soll in Coburg entbinden, 350 Kilometer von zu Hause und vom Vater ihres Kindes entfernt. Die Kirche würde alles Finanzielle regeln, das Kind und die Mutter versorgen. Aschenbrenner müsste sich aber von den beiden trennen. So könne man das machen, so könne er Pfarrer bleiben, heißt es. Aber so will es Aschenbrenner nicht. Seine Tochter sollte ihren Vater haben. Birgit und er sind sich rasch einig, dass es für sie keinen anderen Weg gibt. In einem solchen Fall muss der Bischof den Priester vom Amt suspendieren. Aschenbrenner fährt nach Passau und teilt seinem Vorgesetzten den Entschluss mit. Danach hört er monatelang nichts. Erst am Silvestertag, kurz vor der Abendmesse, erscheint in Hintereben ein Bote des Bischofs mit der offiziellen Amtsenthebung.

»Die Verabschiedung von der Pfarrei im Gottesdienst war für alle hoch emotional«, erinnert sich Aschenbrenner. »Wir hatten in diesem Jahr die Sternsinger-Aktion unter dem Motto ›Kindern ein Zuhause geben‹, das rührte mich sehr an, und viele in der Pfarrei genauso.« Es gibt Tränen in Hintereben. Ihr Pfarrer ist nicht mehr ihr Pfarrer.

So richtig durchgestartet

Oder eben irgendwie doch. Aschenbrenner begleitet inzwischen rund siebzig Trauungen und zweihundertsechzig Beerdigungen im Jahr. Mehr als 70 000 Kilometer ist er jedes Jahr unterwegs: als freier Seelsorger, Dozent, Coach, Autor, Zeremoniar. Er segnet Brautpaare und Kinder, die nicht offiziell getauft werden, begleitet todkranke Menschen auf ihrer letzten Wegstrecke, hält Trauerfeiern auf Naturfriedhöfen und in Krematorien. Er spricht vor Managern über Unternehmens- und Führungskultur, hält Vorträge zu Themen wie »Mut fassen – Entscheidungen treffen«, schreibt Bücher, geht mit Menschen, die einen neuen Sinn in ihrem Leben suchen, auf Pilgerschaft: Es scheint, als hätte Aschenbrenner nach seiner Zeit als Pfarrer erst so richtig losgelegt als Seelsorger. Inzwischen hat er fünf Mitarbeiter, vier von ihnen waren früher ebenfalls Kleriker, einer sogar Oberer eines großen Ordens.

Steine in den Weg gelegt

Dabei stellt sich der berufliche Neuanfang zunächst als schwer dar. »Nach der Suspendierung war da die totale Unsicherheit, was nun werden soll«, sagt Aschenbrenner. Er versucht, bei der evangelischen Kirche anzuheuern, die ihn auch mit großer Freude nehmen würde – allerdings nicht im selben Gebiet. Wie sich herausstellt, hat der Passauer Bischof bei seinem lutherischen Amtskollegen interveniert. Es gibt eine stillschweigende Abmachung zwischen den beiden großen Kirchen, wonach ein Konvertit nicht in derselben Region arbeiten kann wie vorher. Aschenbrenner will aber nicht weg von dem Ort, an dem er und seine junge Familie zu Hause sind. Von den Menschen, die ihm so viel bedeuten. Und er stellt fest, dass er eigentlich auch nicht evangelisch werden will: »Ich schätze das sehr, aber ich bin das von meiner Sozialisation her nicht. Meine Sprache, meine Ausdrucksweise desselben Glaubens ist eine andere.« Aschenbrenner sucht Rat, auch bei Anselm Bilgri, der kurz zuvor unter großer öffentlicher Aufmerksamkeit den Benediktinerorden und das Kloster Andechs verlassen hat. Er denkt ebenfalls über Unternehmensberatung nach. Doch am Ende kommt er auf das zurück, was er am besten kann: Seelsorge.

Eine Marktlücke

Aschenbrenner entdeckt seine Marktlücke: »Immer mehr Menschen sind heute kirchlich nicht mehr gebunden, doch für die entscheidenden Stationen im Leben wünschen sie sich spirituelle Begleitung und Rituale.« Er bietet solche Rituale an, zumal er weiß, dass sie nicht der Kirche gehören. »Auch die katholische Kirche hat in ihrer ganzen Symbolik zumeist keine Unikate, sondern viele Plagiate.« Meistens seien die Riten eine Mixtur aus verschiedenen, auch vorchristlichen Einflüssen. Aschenbrenners Kunden sind Menschen, die aus der Kirche ausgetreten sind oder noch nie einen Bezug zur Kirche hatten, wie zum Beispiel Menschen aus der ehemaligen DDR. Manchmal kommen auch Menschen aus seinen früheren Pfarreien oder anderen Gemeinden in der Gegend, denen ihr Pfarrer zu konservativ oder weltfremd ist. In Jandelsbrunn, wozu die Pfarrei Hintereben nach einer weiteren Zusammenlegung inzwischen gehört, amtiert heute ein Pfarrer, den die Leute als sozial gehemmt wahrnehmen. »Wer aber auf die Menschen nicht zugehen kann, eignet sich nicht als Pfarrer«, sagt Aschenbrenner.

»Manchmal kommen Katholiken zu mir, weil die Kirche sie alleinlässt«, sagt er und meint etwa Geschiedene, die wieder heiraten möchten, oder Homosexuelle, die um einen Segen für ihre Ehe bitten. Gläubige, die eine individuelle Zeremonie wünschen und keine Liturgie von der Stange. Oder weil Menschen heute andere als die von der Amtskirche angebotenen Formen wünschen. »Manchmal kommen Paare, weil ihr Pfarrer ihnen zur Hochzeit eine bestimmte Musik verweigert. Wagners Hochzeitsmarsch beim Einzug oder ›A Herz wie a Bergwerk‹ von Rainhard

Fendrich. Aber das muss doch nicht dem Pfarrer gefallen.«

Offensichtlich verliert die katholische Kirche mit Männern wie Anton Aschenbrenner nicht nur besonders im Leben stehende und engagierte Priester, sondern mit jedem Einzelnen von ihnen ein weiteres Stück Bindungskraft in die Gesellschaft. »Nicht selten folgt ein polnischer oder ein indischer Priester mit wenig Kontakt zu den Menschen – oder einer der neuen jungen, weltfremden Konservativen, die heute in den Priesterseminaren studieren«, sagt Aschenbrenner.

Kein Pfarrer geht in einen Trauerwald

Aschenbrenner betreibt inzwischen als Unternehmer vier Trauerwälder, zwei weitere sind in Planung, in denen die sterblichen Überreste in biologisch abbaubaren Urnen um die Wurzeln eines Baumes herum, im Schatten eines Felsens oder auf einer freien Lichtung beigesetzt werden, die einen anonym, die anderen mit einem Erinnerungsstein versehen. »Da geht kein Pfarrer der Amtskirche hin«, sagt Aschenbrenner. Mit ihren engen Dogmen und Regeln entferne sich die Kirche immer mehr von den Menschen. »Jeder, der Hochzeiten oder Todesfälle außerhalb ihrer festen Rituale erleben bzw. zelebrieren will, geht der Kirche verloren.« Es klingt, als ob Aschenbrenner das bedauert, doch die Frage danach verneint er. Er hat keinen Kontakt mehr zur katholischen Kirche, geht auch nicht mehr in den Gottesdienst. »Um religiös zu leben, braucht man heute keine Kirchenmitgliedschaft mehr«, sagt er. Ohne den Zwang des Zölibats wäre er heute immer noch einer der begeisternden Vertreter ebendieser Kirche.

»Der Zölibat wird nie fallen.«

Den Zölibat werde sie nicht aufgeben, meint er. »Lieber importieren sie weiter Priester aus dem Ausland und akzeptieren die Scheinheiligkeit so weit wie möglich.« Aber was wäre, wenn einer der deutschen Bischöfe zum Beispiel den Mut hätte, Franziskus zu bitten, verheiratete Männer weihen zu dürfen? »Keiner unserer Bischöfe ist mutig.« Und der Nachwuchs werde immer konservativer. »Da kommt nichts Gutes nach, wegen der jungen Konservativen wird die Kirche den Bach runtergehen. Die steht dadurch nicht mehr in der Mitte der Gesellschaft, sondern bildet im Grunde eine extreme Sekte.« Das könne man auch als Positionierung einer Marke sehen. »Das ist doch in der Politik ebenfalls so: Ein klarer Hardliner-Verein verkauft sich besser, das denken sicher auch viele Kleriker«, sagt Aschenbrenner. Ob das den Menschen nütze, fragten sich weder die politischen noch die religiösen Extremisten.

Einen Eid gebrochen, Leben gewonnen

Birgit und er wohnen immer noch in dem Einfamilienhaus, das sie sich bauten, gemeinsam mit ihren Töchtern Dorothea und Isabella sowie drei Pferden. Dass er den Eid gebrochen hat, den er einst bei der Priesterweihe schwor, ist für ihn nicht dramatisch. »Erstens sagte Jesus selbst, man soll nicht schwören. Zweitens muss man sich einfach trennen, wenn es nicht anders geht.« Er ist heute unendlich froh darüber, dass er sich nicht auf das kirchliche Angebot einer Trennung eingelassen hat. »Das wäre furchtbar geworden, denn natürlich hätte ich mich von meiner

Familie nie trennen können.« Der heute Sechsundfünfzigjährige beendet das Interview über den Bruch in seinem Leben mit großer Ruhe. Er hat aus seiner Sicht das einzig Richtige gemacht. Er steht zu dem, was er getan hat und was er jetzt tut. Und er fühlt sich in seinem Leben nach der katholischen Kirche wohl. In der eigenen Familie blüht er auf, und in dem kleinen Dorf Solla bei Hinterebe ist er zwar nicht mehr ihr Pfarrer, aber immer noch ihr Seelsorger.

Zölibat in Bibel und frühem Christentum

Das Alte Testament kennt keinen Zwang zur Ehelosigkeit. Im Gegenteil, es gereicht einem Menschen zur Schande, ehelos zu leben und, noch schlimmer, kinderlos zu sterben. In der Frühzeit des Volkes Israel gab es noch keinen Glauben an ein Weiterleben nach dem Tod im Jenseits. Man lebte vor allem in den Kindern und Kindeskindern weiter. Ein Kinderloser, eine Kinderlose war also zum endgültigen Tod verdammt.

Allerdings gab es Vorschriften, die eine zeitweilige sexuelle Enthaltsamkeit verlangten. Der Sexualakt, obwohl grundsätzlich positiv gesehen, machte einen Priester zeitweise unrein und damit nicht fähig, seinen Dienst am Jerusalemer Tempel auszuüben. Als verunreinigend galten vor allem Körperflüssigkeiten wie Sperma, Menstruationsblut und Blut, das bei der Geburt fließt. Nicht das Geschlechtsleben als solches galt als unrein, sondern man ging davon aus, dass dieser lebenswichtige Bereich den verderblichen Einflüssen der Dämonen besonders ausgesetzt war, sodass der Mensch nach jedem sexuellen Kontakt der Reinigung bedurfte. Unrein machte darüber hinaus die Berührung eines Aussätzigen oder einer Leiche. So ist es noch im heutigen Judentum Angehörigen der alttestamentlichen Priestersippe, die an ihrem Familiennamen Cohen oder Konen u. a. zu erkennen sind, streng verboten, sich in die Nähe von Leichen, auch auf Friedhöfe zu begeben.

Jesus, der selbst Jude war und von seinem Selbstverständnis durchaus den Pharisäern und ihrem Bibelverständnis nahestand, hat die Unterscheidung von rein und unrein, die für das Judentum prägend war und heute noch ist, auf eine andere Ebene gehoben. Sind es für gläubige Juden vor allem kultische Gebote, die eine Speise »koscher«, d. h. rein, sein lassen, so hebt Jesus diese äußerliche, rituelle Unterscheidung auf, indem er sie ins Herz des Menschen verlegt. Dort, im Inneren, in der Gesinnung des Menschen entscheidet sich, ob ein Gedanke oder eine Tat als rein oder unrein angesehen werden kann. Im Markusevangelium, dem ältesten der vier Evangelien, wird eine berühmte Szene geschildert, in der Jesus mit jüdischen Schriftgelehrten über das Thema »rein und unrein« diskutiert. Die Pharisäer machen ihm den Vorwurf, dass einige seiner Jünger ihr Brot mit unreinen, d. h. mit ungewaschenen Händen essen. Jesus nimmt diesen Vorwurf zum Anlass, die überlieferten Reinheitsvorschriften grundsätzlich infrage zu stellen: »Nichts, was von außen in den Menschen hineinkommt, kann ihn unrein machen, sondern das Böse, das aus dem Herzen der Menschen kommt, das macht ihn unrein.« (Markus 7,15.21.23) Erst diese Neuinterpretation der kultischen Reinheit als ethischer Gesinnung ermöglicht es letztlich Paulus, das Evangelium Jesu, eines jüdischen Rabbi, unter Nichtjuden zu verbreiten. Auf diese Weise konnten auch sie den einen Gott Israels verehren, ohne durch die Schranken des Gesetzes, die durch das Reinheitsgebot, die Beschneidung und die strenge Einhaltung des Sabbats markiert wurden, außen vor gehalten zu werden.

Die christlichen Gemeinden der Ursprungszeit bestanden aus Juden und Heiden, die anfangs wohl in getrennten, aber im Laufe der Jahrzehnte auch in sich vermischenden Gemeinden eine neue Form des Zusammenlebens finden mussten. Das war ja gerade das Neue der christlichen Gemeinden, dass sie Menschen verschiedenster Ethnien und Gesellschaftsschichten zu einer Gemeinschaft von gleichermaßen Berufenen formten. Die aus der jüdischen Tradition kommenden Neuchristen behielten wohl Beschneidung, Speisevorschriften und Sabbat bei, die Christen aus dem Heidentum brauchten nach der Apostelgeschichte nur die Vorschriften des sogenannten Apostelkonzils zu befolgen, das heißt, sie mussten auf den Genuss von Götzenopferfleisch und Blut verzichten und durften kein Vergehen der Unzucht begangen haben. Unter Unzucht verstand die Bibel sowohl den Verkehr mit Prostituierten als auch homosexuelle Praktiken.

Paulus nennt in seiner Schilderung des Apostelkonzils im Galaterbrief keinerlei Bedingungen für Christen aus dem Heidentum. Unzucht allerdings hielt auch er an anderer Stelle für unvereinbar mit dem Christentum. Wie Jesus erhebt auch Paulus keine Forderung nach Ehelosigkeit der Jünger oder Gemeindemitglieder. Paulus, der selbst ledig war und das Unverheiratetsein wegen der bald erwarteten Wiederkunft Christi empfahl, zeigte sich in dieser Hinsicht tolerant mit dem berühmten Wort: »Jeder hat seine Gnadengabe von Gott, der eine so, der andere so.« Ehelosigkeit ist also eine Gabe, die Gott manchen Menschen schenkt. Sie ist nach Paulus' persönlichem Empfinden besser als das Eheleben, aber nicht zwingend vorgeschrieben. Im ersten Brief an die Gemeinde in Korinth schreibt Paulus sogar darüber, dass er wie die übrigen Apostel und Brüder des Herrn und wie Petrus das Recht in Anspruch nehmen könne, eine Ehefrau mit sich zu führen. Damit ist er neben der Heilungsgeschichte der Schwiegermutter des Petrus ein großartiger Zeuge dafür, dass Apostel verheiratet waren.

Durch die allmähliche Trennung vom Judentum, zuletzt durch seine Zerstörung durch die Römer im Jahr 70, verlor der Tempel von Jerusalem mit seinem Opferkult seine Bedeutung für die junge Christengemeinde. Diese übernahm, wie es vor allem in der jüdischen Diaspora praktiziert wurde, eher den synagogalen Gottesdienst mit der Hochschätzung der Schriftlesung aus dem Gesetz und den Propheten, die beide auf die Person Jesu Christi hin interpretiert wurden. Diese Gottesdienstform wurde schließlich verbunden mit dem Mahl, das nach dem Vorbild Jesu in der Hausgemeinschaft begangen wurde und sich mehr und mehr ritualisierte. Ursprünglich kannte das Christentum kein eigenes Priestertum, denn der jüdische Priesterstand war mit dem Tempeldienst verbunden, und die Priester waren nicht unbedingt gleichzeitig auch Schriftgelehrte oder Rabbiner. Der Hebräerbrief des Neuen Testamentes stellt dem alten Priestertum und dem alten Tempelkult die Person Christi entgegen, er wird geschildert als Priester nach der Ordnung des Melchisedek. Sein Tod wird gedeutet als einziges, alleingültiges Opfer, das alle Opfer des Alten Bundes ersetzt. Durch die Taufe wurden die Christen Brüder und Schwestern Jesu, seine Miterben, und deshalb ging die alttestamentliche Priesterwürde auf alle Getauften über, wie es im Petrusbrief heißt:

»Ihr aber seid ein auserwähltes Geschlecht, eine königliche Priesterschaft, ein heiliger Stamm, ein Volk, das sein besonderes Eigentum wurde ...« (1. Petrusbrief 2,9)

Die Eucharistie, ursprünglich das sonntägliche Erinnerungsmahl an die Mahlzeiten Jesu mit seinen Freunden, nahm trotzdem nach und nach den Charakter eines Opfermahls an. Dies wurde nicht zuletzt durch die sogenannten Einsetzungsworte nahegelegt, die der Vorsteher der Feier rituell zu sprechen pflegte und mit deren Hilfe das Mahl auch zur Erinnerung an das Mahl Jesu »am Abend vor seinem Tod« wurde: »Nehmt und esst, das ist mein Leib, der für euch hingegeben wird.« Und »Nehmt und trinkt alle daraus, das ist mein Blut, das für euch vergossen wird zur Vergebung der Sünden.« Der Tod Jesu wurde damit als das einmalige Opfer des Hohepriesters Jesus Christus interpretiert, das durch die Feier des Erinnerungsmahles »unblutig« wiederholt werden konnte. Der Älteste der Gemeinde, der der Feier vorstand und den Ritus vollzog, wurde allmählich zum »Priester«, im Deutschen ein Lehnwort aus dem Griechischen: Presbyter heißt Ältester, ein Begriff aus dem griechisch-römischen Vereinswesen, der für die biblisch überlieferte Aufgabe eines Ältesten übernommen wurde. Dabei bezeichnet »Ältester« wie auch in unserem Sprachgebrauch nicht unbedingt den an Jahren Ältesten, es kann auch der Erfahrenere, Bewährte sein. Nach diesen Kriterien werden z. B. die Mitglieder des Ältestenrats im Deutschen Bundestag bestimmt.

Noch im Neuen Testament wird eigentlich zwischen dem Presbyter und dem Episkopos nicht unterschieden. Letzteres Wort wird im Deutschen zur Bezeichnung Bischof. Der Episkopos ist ein Aufseher, der in der antiken Welt vor allem für die Verwaltung der Wasserversorgung zuständig war, aber auch Vorstand eines Kollegiums, d.h. eines Vereins sein konnte. Beide Begriffe übernahmen die Christen für die Bezeichnung ihrer Gemeindevorsteher. Erst im zweiten Jahrhundert begann sich die Bedeutung dahin festzulegen, dass der Episkopos zu einer Art Monarch der örtlichen Christengemeinde wurde, der als Helfer und Vertreter vor Ort Presbyter und Diakone um sich hatte. Die Presbyter konnten stellvertretend die Aufgaben der Leitung von Gemeinde und Gottesdienst übernehmen, die Diakone waren ihre Helfer, vor allem bei der Versorgung der Witwen und Armen.

Eine Forderung des Timotheusbriefes und des Titusbriefes – beides Spätschriften des Neuen Testaments, die von Schülern des Apostels Paulus verfasst wurden – lautet: »Ein Bischof bzw. ein Ältester (der einer Gemeinde vorsteht) soll nur einmal verheiratet sein.« (1 Tim 3,2; Tit 1,6) Das hat dazu geführt, dass Bischöfe und Priester nach dem Tod ihrer Frau nicht mehr heiraten durften.

Das Lateinische, bis heute die Amtssprache der römisch-katholischen Kirche, übernahm den Fachbegriff der römischen Religion für das Priesteramt: *sacerdos* (wörtlich: Vollzieher einer heiligen Handlung). In der Wortwahl erkennt man schon die allmähliche Einengung des christlichen Priesterbildes vom Gemeindevorstand auf den Vollzieher eines Rituals. Der christliche Priester übernahm damit auch Traditionen des nicht mehr existierenden jüdischen Priesterstandes. Die ihn betreffenden Vorschriften las man in dem zur christlichen Bibel gehörenden jüdischen Teil, den wir etwas unglücklich das Alte Testament nennen. Die Stelle des Opfers im Jerusalemer Tempel nahm das »Opfermahl« der Eucharistie ein. Damit wurden auch die Reinheitsvorschriften für die Tempelpriester auf die christlichen Vorsteher der Eucharistie übertragen. Das führte zu der verhängnisvollen Ansicht, dass geschlechtliche Betätigung und kultische Handlungen einander ausschließen. Die Sakralisierung des Priesterdienstes schritt während der ersten Jahrhunderte fort. Bischof Eusebius von Cäsarea, der Verfasser der ersten Kirchengeschichte und enger Vertrauter des Kaisers Konstantin, der das Christentum als erlaubte Religion anerkannt hatte, stellte fest: »Es ziemt sich, dass diejenigen, die geweiht sind und dem Gottesdienst hingegeben leben, sich des Umgangs mit einer Frau enthalten.«

Der Zölibat in der Geschichte der Kirche

Den sozusagen offiziellen Startschuss für die Entwicklung der Zölibatsverpflichtung bildet die berühmte Synode von Elvira. Im Zeitraum zwischen 306 und 309 nach Christus trafen sich in Elvira, heute ein Stadtteil von Granada, neunzehn Bischöfe, vierundzwanzig Priester und einige Diakone aus fünf spanischen Provinzen, um über aktuelle Probleme der Kirche auf der Iberischen Halbinsel zu beraten. Die einundachtzig *canones*, wie rechtlich bindende Beschlüsse von Synoden und Konzilien heißen, befassen sich mit Themen wie Taufe, Beziehungen zum Heidentum und Judentum, Regelungen zu Ehe und Jungfräulichkeit und priesterlichem Amt. Heute nimmt man an, dass es sich bei den überlieferten Akten der Synode um eine spätere Sammlung von Beschlüssen mehrerer spanischer Synoden handelt. Allein dreißig dieser *canones* behandeln den rechten Umgang mit der »fleischlichen Begierde«. Bemerkenswert ist die Strenge dieser Vorschriften. Sie scheinen auf den Einfluss eines der berühmtesten spanischen Bischöfe dieser Ära zurückzugehen, eines gewissen Ossius von Cordoba, der es später sogar zum Hofbischof des Kaisers in Konstantinopel brachte. Der für die Geschichte des Zölibats entscheidende 33. Canon lautet: »Bischöfe, Priester, Diakone, überhaupt alle Kleriker, die einen Altardienst versehen, müssen sich ihrer Frauen enthalten und dürfen keine Kinder zeugen. Widerstreben sie, so gehen sie ihres Amtes verlustig.«

Zweierlei ist daran bemerkenswert. Erstens der Bezug zum Altardienst. Er weist eindeutig auf den Gedanken der kultischen Reinheit hin. Wer am Altar dient, darf sich nicht durch Sexualität verunreinigen. Zweitens verbietet die Synode den Klerikern nicht etwa die Ehe, sondern ausdrücklich nur den Geschlechtsverkehr. Man nennt dies den Enthaltsamkeitszölibat im Gegensatz zum Ehelosigkeitszölibat, wie wir ihn heute kennen.

Seit dem ersten großen allgemeinen Konzil der Kirchengeschichte im Jahr 325 in Nizäa, heute Iznik bei Istanbul, beginnen sich die Kirchen der westlichen und der östlichen Reichshälfte in der Frage der Priesterehe auseinanderzuentwickeln. Besagter Ossius, Bischof von Cordoba, trat mit aller Kraft für die Durchsetzung des Zölibatsgesetzes von Elvira ein. Dagegen soll der hoch angesehene Bischof und ehemalige Mönch Paphnutius von Theben, der bei einer der letzten Christenverfolgungen ein Auge verloren hatte, heftigst Einspruch erhoben haben. Ein späterer Kirchengeschichtsschreiber berichtet jedenfalls: »Als man darüber beratschlagte, ob die Kleriker, nämlich die Bischöfe, Presbyter und Diakone, nicht mehr ihren Frauen, die sie noch als Laien geheiratet hatten, beiwohnen sollten, stand Paphnutius inmitten der Bischofsversammlung auf und setzte sich vehement dafür ein, den Klerikern keine zu schweren Lasten aufzubürden. Ehrbar sei das Ehebett und die Ehe makellos.« Diese überlieferte Wortmeldung führte dazu, dass sich in der Ostkirche eine tolerantere Haltung zur Priesterehe etablierte. Verheiratete Männer durften und dürfen bis heute Diakone und Priester werden. Bischöfe konnten und können jedoch – im Gegensatz zu den Weisungen des Apostels Paulus – nur Unverheiratete werden.

Mit den Beschlüssen von Elvira und Nizäa ist nicht gesagt, dass sie sofort immer und überall eingehalten worden wären. Gregor von Nazianz (geb. 319), einer der vier großen griechischen Kirchenlehrer der Alten Kirche, war der Sohn eines Bischofs und übernahm später von seinem Vater die Diözese Nazianz. Synesios (gest. 413), Verfasser mehrerer theologischer Werke, nahm nur zögerlich die Wahl zum Erzbischof von Kyrene in Nordafrika an. Man erwartete, dass er sich von seiner Frau trennte. Erst als man ihm gestattete, mit seiner Frau weiterhin zusammenzuleben, erklärte er seine Bereitschaft, das Amt anzunehmen.

Von Nizäa 325 bis zum Zweiten Laterankonzil 1139 wird die Kirche zunehmend durch das Ideal des Mönchtums gekennzeichnet. Die Askese, eine Haltung des Verzichts auf sexuelle Betätigung, Beschränkung auf das Notwendigste in Speise, Trank, Kleidung und Wohnung, die stete Ausrichtung auf himmlische Dinge, Gebet, Betrachtung und vor allem auf den Kampf gegen den Dämon Unkeuschheit, entwickelte sich zu einer Haltung entschiedenen Christseins. Gleichzeitig zog, seit 313 Kaiser Konstantin die Kirche anerkannte und Kaiser Theodosius 380 das Christentum zur Staatsreligion erklärte, in die Kirche, die vorher dreihundert Jahre vom Damoklesschwert des Martyriums geprägt worden war, die Mittelmäßigkeit der großen Masse ein. Die Menschen strömten zur Taufe, da ohne die Mitgliedschaft in der Kirche kaum mehr ein Blumentopf zu gewinnen war. Auch die kirchlichen Dienstgrade wurden begehrenswert: Die Bischöfe waren hohen kaiserlichen Beamten gleichgestellt, was sich etwa im Fahrdienst der imperialen Post und diversen Privilegien bis hin zur Dienstkleidung zeigte, die sich z. B. heute noch in den roten Schuhen der Päpste erhalten hat. Gegen diese »Verweltlichung« der Kirche bezogen die asketisch lebenden Einsiedler und Mönche Stellung. Sie betrachteten sich als die »eigentlichen Christen«, denen es mit einem Leben für Gott ernst war. Da war es nicht mehr weit, dass sie sich als die Vollkommenen gerierten, die das Christentum in Reinform bewahrten.

Das seit dem 4. Jahrhundert immer mächtiger werdende Mönchtum beherrscht das christlich gewordene Reich vor der Völkerwanderung noch nicht, obwohl schon damals eine große Zahl einflussreicher Bischöfe vorher Mönche gewesen war. Ohne Zweifel aber beherrscht es die Christenheit nach der Bekehrung der Barbarenfürsten. Eines der besten Beispiele dafür ist der heilige Bonifatius, der im Einklang mit den Frankenherrschern die Neuordnung der Kirche im damaligen, heute als Deutschland bezeichneten, östlichen Teil des Reiches organisierte. Er war vorher, unter dem Namen Winfried, Mönch in England gewesen, ehe er sich im Zuge der asketischen »peregrinatio pro Christo«, des Lebens in der Fremde, auf den Weg zum noch halb heidnischen Kontinent machte. In Rom wurde er zum Missionsbischof geweiht und nahm den Namen des Tagesheiligen Bonifatius an. Die Mönche – Vermittler der Kulturtradition der Antike – wurden zu Lehrern der Fürsten, ja der ganzen Christenheit des sich formenden Abendlandes. Die Geisteshaltung des Mittelalters wird durch und durch vom Mönchtum geprägt. Es verwundert nicht, dass die Ehe und alles, was mit dem Geschlechtlichen zusammenhing, ihnen suspekt war. Das Mönchtum wurde denn auch zum Bewahrer und Hüter des Zölibats. Viele Traditionen, die das Idealbild des sogenannten Weltpriesters bis heute prägen, sind klösterlichen Ursprungs: tägliche Messe, tägliches Stundengebet, Ehelosigkeit und sexuelle Enthaltsamkeit.

Der Zenit dieser Entwicklung wird symbolisiert durch die Abtei Cluny in Burgund, deren Kirche die größte der damaligen Zeit war. Ihre Mönche führen das Mönchische in der Kirche zum Höhepunkt, zu einem unbestreitbaren Triumph. Das Leben als Mönch wird in der folgenden Zeit als die evangelische Norm schlechthin betrachtet. Es verging kaum eine Synode, ohne dass die legitim verheirateten Priester gemahnt worden wären, mit ihren Frauen nicht zu schlafen. Bei bekannt gewordenen Verstößen, die durch die Geburt eines Kindes nicht mehr zu leugnen waren, wurden schwere Strafen wie die Entfernung aus dem Amt angedroht. Trotzdem bestand die Praxis weiter, dass verheiratete Männer zu Priestern geweiht wurden. Georg Denzler stellt fest, dass es Zeiten gab, in denen die Zahl der verheirateten Priester die ihrer ledigen Amtsbrüder sogar übertraf.

Unter den aus dem Mönchtum kommenden oder dem Mönchtum nahestehenden Päpsten Leo IX. und Nikolaus II. (beide im 11. Jahrhundert) begann eine neue Phase der Gesetzgebung. Sie versuchten, der ganzen Kirche ein mönchisches Gepräge zu geben. Dazu gehörte die Ehelosigkeit, wie man sie von den Mönchen und Nonnen kannte und wie man sie jetzt auch vom Seelsorgsklerus mit Strenge einforderte. Unter Papst Gregor VII., einem früheren Mönch von Cluny, erlebte die Polemik gegen die Priesterehe einen weiteren Höhepunkt. Er führte einen regelrechten Feldzug gegen verheiratete Priester, aber auch gegen deren Frauen und Kinder. In seiner Hybris rief er die Gläubigen dazu auf, den Gottesdiensten verheirateter Priester fernzubleiben, ja diese aus der Kirche zu verjagen. Ein zeitgenössischer Bischof berichtet, dass das Volk daraufhin die wüstesten Ausschreitungen beging und beispielsweise Hostien, die von verheirateten Priestern konsekriert worden waren, auf dem Boden zertrat.

Als endgültiger Schritt zu einer Verpflichtung des Klerus auf den Zölibat gilt das Zweite Laterankonzil von 1139. Es fand in der Lateranbasilika, der eigentlichen Bischofskirche von Rom, statt; einberufen wurde es durch Papst Innozenz II., der damit das Schisma eines Gegenpapstes für beendet erklären wollte. Zwei *canones* beschäftigen sich mit dem Thema Zölibat. Canon 6 schließt geweihte Kleriker, die heiraten oder eine Konkubine zu sich nehmen, aus dem Kirchendienst aus und entzieht ihnen die Einkünfte. Canon 7 verbietet, Messen von Verheirateten oder Konkubinariern anzuhören. Kleriker, die gegen die Norm eine Frau genommen haben, sollen von ihr getrennt werden, da eine derartige Verbindung, die wider die kirchliche Regel eingegangen wurde, nicht als Ehe anerkannt wird. Die Beteiligten sollen nach ihrer Trennung angemessene Buße tun. Seither stellt die Weihe ein sogenanntes trennendes Ehehindernis dar. Im 1983 revidierten kirchlichen Gesetzbuch, dem *Codex Juris Canonici*, heißt es im dortigen Canon 1087, wenn ein Priester trotzdem eine Ehe zu schließen versuche, sei diese kirchenrechtlich ungültig. Nachdem die Zivilehe erst im Zuge der Französischen Revolution überall eingeführt wurde und bis dahin allein die Kirche für die Eheschließung zuständig war, war mit den beiden *canones* des Laterankonzils der Priesterehe – zumindest auf dem Papier – endgültig ein Riegel vorgeschoben.

Im Anschluss versuchten viele regionale Synoden, diesen Konzilsbeschluss durchzusetzen. Kein anderes Kirchengesetz musste so oft und so nachdrücklich in Erinnerung gerufen und mit den verschiedenen Strafen eingeschärft werden wie dieses Zölibatsgesetz. Eine Folge davon war das nicht eheliche Zusammenleben von Priestern mit Frauen, die als Konkubinen bezeichnet wurden. Folglich wetterten von nun an kirchliche Verlautbarungen zum Priestertum und zum Zölibat vor allem gegen das Konkubinat. Trotz der vielen Mahnungen, Warnungen, Verbote und Strafandrohungen änderten sich die von der kirchlichen Autorität als skandalös angesehenen Zustände im Klerus kaum oder gar nicht. Am Ende des Mittelalters war die Situation im italienischen Klerus in den Augen einzelner Bischöfe so schlimm, dass sich der Erzbischof von Palermo 1435 veranlasst sah, für die Aufhebung des Zölibats einzutreten. Auch der »Fürst der Humanisten«, Erasmus von Rotterdam, spricht sich im Herbst des Mittelalters gegen den Zölibat aus. In einem Brief an den Bischof von Basel schreibt er: »Vom Zölibat hat weder Christus noch die Apostel noch irgendein Gesetz in den heiligen Schriften etwas vorgeschrieben. Warum drängen wir hier auf eine menschliche Einrichtung so hartnäckig?«

Kurz vor dem Beginn der Reformation befasste sich 1512 eine Synode in Regensburg mit dem Priesterleben. Konkubinariern, also Priestern, die mit ihrer verächtlich Konkubine genannten Lebensgefährtin zusammenwohnten, wurden nach ihrer erzwungenen Trennung langjährige Bußzeiten auferlegt, ehe sie wieder ihr Amt antreten konnten. Zahlreiche Priester und Ordensleute, die mit der geforderten Ehelosigkeit und Enthaltsamkeit ihre Probleme und oft heimlich geheiratet hatten, fanden dann in Martin Luthers Polemik gegen das Zölibatsgesetz und die Ordensgelübde die Lösung ihrer Konflikte. Sie folgten dem Beispiel der Reformatoren, heirateten und erhoben damit ihre Konkubinen zu geachteten Ehefrauen. Viele wurden Pfarrer der sich allmählich neu formierenden evangelischen Kirche. Das Pfarrhaus mit der Familie des Pfarrers ist seither ein wesentlicher Träger evangelischer Kultur und Tradition.

Auf katholischer Seite wurden nach den Angriffen der Reformation die eigenen Traditionen bewusst betont, oft wider bessere Einsicht. Die folgenden Jahrhunderte waren gekennzeichnet von immer neuen Einschärfungen des Zölibats und der Verurteilung des Konkubinats. Um die zukünftigen Priester sowohl theologisch als auch spirituell besser zu formen, ordnete das Konzil von Trient die Errichtung von Priesterseminaren an, in denen die Kandidaten auch auf ein Leben im Zölibat vorbereitet werden sollten. Diese Forderung ließ sich aber nicht sofort und nicht in allen Bistümern verwirklichen. Erst im 19. Jahrhundert begann eine Reform und Neugründung vieler Priesterseminare auf der ganzen Welt.

Katholisch heißt weltumspannend

Seit Kolumbus folgte die Kirche den Entdeckern und Eroberern in die Neue Welt. Wie im spanischen Mutterland mussten auch die Bischöfe in den Missionsländern die Bestimmungen über den Umgang von Priestern mit Frauen ständig in Erinnerung rufen. Dort wurden vor allem Ehebruch und sexuelle Beziehungen zu Sklavinnen zum Problem. So glaubten die Bischöfe von Mexiko 1585, ihren Geistlichen die Teilnahme an der Taufe, Trauung und Beerdigung ihrer eigenen Kinder untersagen zu müssen. Für die weitere Entwicklung ist die Bemerkung von Georg Denzler aufschlussreich: »Die von der europäischen Aufklärung im 17. und 18. Jahrhundert ausgehenden Herausforderungen führten innerhalb der Kirche zu keinem Umdenken. Deshalb erwuchsen als schlimme Folgen, dass die kirchliche Institution ins Abseits geriet, die Theologie einem Traditionalismus huldigte und der Stand des Klerus an Ansehen verlor.« Paul Picard ergänzt: »Die Aufklärung wollte eine sittliche Welt. Ergänzend zu der Feststellung, dass der Zölibat der Geistlichen unvernünftig, naturwidrig und unmenschlich sei, sahen sich vor allem die theologisch orientierten Kritiker veranlasst, ihn auch für unmoralisch zu erklären, nicht unbedingt in sich, aber in seinen Konsequenzen.«

Auf dem Weg zum Zweiten Vatikanischen Konzil – und darüber hinaus

Die kirchliche Restauration des 19. Jahrhunderts lehnte jedoch jegliches Zugeständnis an die Errungenschaften der Aufklärung, der Französischen Revolution und der Neuordnung Europas unter Napoleon ab. Pius IX., der zweiunddreißig Jahre lang Papst war, verdammte 1846 in seiner ersten Enzyklika *Qui pluribus* die überaus schändliche Verschwörung gegen den heiligen Zölibat der Geistlichen. In seinem berühmt-berüchtigten *Syllabus errorum*, der »Zusammenstellung aller Irrtümer der modernen Zeit«, von 1864 bekräftigte er die Meinung des Trienter Konzils, dass der Stand der Jungfräulichkeit höher zu bewerten sei als das Eheleben. Erst im 20. Jahrhundert wurde zum ersten Mal eine Lockerung des Zölibatsgebots in einem Einzelfall bekannt. Papst Pius XII., der *pastor angelicus*, der engelgleiche Hirte, wie er auch bezeichnet wurde, gestattete die Weihe eines von der evangelischen zur katholischen Kirche konvertierten Pastors zum katholischen Priester, ohne dass er sich von Frau und Kindern trennen musste. Seither wurde dies immer wieder so gehandhabt, besonders eklatant, als eine ganze Gruppe anglikanischer Geistlicher wegen ihrer Kritik an der Weihe von Frauen und Homosexuellen zu Bischöfen ihrer Kirche zum Katholizismus konvertierte.

Das Großereignis für die Kirche im 20. Jahrhundert war das Zweite Vatikanische Konzil, das von 1961 bis 1965 tagte. Es sollte nach dem Wunsch von Papst Johannes XXIII. eine Versöhnung der Kirche mit der modernen Welt herbeiführen. Er verwendete dafür das italienische Wort *aggiornamento*, auf Deutsch müsste man es wörtlich mit »Verheutigung« übersetzen. Es war nur natürlich, dass man von diesem Konzil auch eine Diskussion über den Zölibat erwartete. Im Vorfeld wurde sogar die Vermutung geäußert, der Zölibat könne auf dem Konzil abgeschafft werden. Unter Theologen kursierte damals ein bezeichnender Witz. Ein Pfarrer sucht per Annonce eine Haushälterin mit der Bemerkung: Bei positivem Ausgang des Konzils spätere Heirat möglich.

Doch diese Erwartungen sollten bitter enttäuscht werden. Schon Papst Johannes bezeichnete den Zölibat als Edelstein der Kirche. Er wurde zwar von Zweifeln gequält, vor allem was die Schmerzen betraf, die diejenigen Priester erleiden müssen, die unter der Last des Zölibats stöhnen. Letztlich fand er jedoch nicht den Mut, das Gewicht der langen Tradition abzuwerfen. Aber er erleichterte die Gewährung des Dispens vom Zölibat für Priester, die ihr Amt niederlegen und heiraten wollten. Sein Nachfolger Papst Paul VI. war noch ängstlicher und zaghafter. Schon sein Vorgänger hatte den Erzbischof von Mailand scherzhaft »unseren Hamlet« genannt. Er gestattete auf dem Konzil keinerlei mündliche Debatte über den Zölibat. Schriftliche Eingaben zum Thema durften aber eingereicht werden. Dies wurde vom melkitischen Patriarchen Maximos auch genutzt.

Die Melkiten sind eine der größten der unierten Kirchen des orientalischen Ritus und kennen für Priester und Diakone keinen Zölibat. Maximos erinnerte an diese Tradition der eigenen griechisch-katholischen Kirche und merkte zum Zölibat des lateinischen Ritus an: »Das Priestertum ist eher eine Funktion als ein Lebensstand. Es ist nicht an die persönliche Vervollkommnung gebunden wie der Zölibat für Gott, sondern an den Nutzen der Kirche. Im Bedarfsfall muss nicht das Priestertum dem Zölibat, sondern der Zölibat dem Priestertum geopfert werden.« Eine Intervention in der Aula des Konzils durfte nicht stattfinden, aber der Papst wünschte, den Text kennenzulernen. Maximos übersandte ihn mit einem Begleitbrief, aus dem hier einige Passagen zitiert werden sollen: »Hochverehrter Heiliger Vater, dieses Problem des Zölibats besteht und wird von Tag zu Tag schwieriger. Es erfordert eine Lösung. Es dient zu nichts, vor diesem Problem die Augen zu verschließen oder daraus ein Tabu zu machen. Eure Heiligkeit weiß sehr wohl, dass Wahrheiten, die man verschweigt, zu Gift werden. Wenn man den Weltpriestern nicht die mönchische Armut auferlegt, die um vieles leichter zu praktizieren ist, warum zwingt man sie dann zum Zölibat, der sicher eine besondere Berufung und ganz besondere Anlagen erfordert?«

Zwei Jahre nach Beendigung des Konzils, im Jahr 1967, verfasste Paul VI. eine Enzyklika über den Zölibat, das erste päpstliche Rundschreiben dieses Inhalts mit dem Titel *Sacerdotalis Caelibatus*, in dem er zwar alle Einwände gegen den Zölibat aufführt, aber dennoch konstatiert: »Die abendländische Kirche kann nicht wanken in der Treue zu ihrer alten Überlieferung.«

1970 ließ der Papst im Zuge der Liturgie-Reform in den Messritus der Chrisammesse in der Karwoche, in der vom Bischof im Beisein seines Klerus die rituellen Öle für die verschiedenen Sakramente geweiht werden, eine Erneuerung des Zölibatsversprechens einfügen. Dagegen erhob sich lauter Protest aus dem Klerus. Man argumentierte, eine jährliche Erneuerung des Versprechens zeige sehr deutlich, wie sehr die Kirche davon ausgehe, dass der Zölibat schwer zu befolgen sei.

Sein Nachfolger Johannes Paul II. hatte noch zu Beginn seiner kirchlichen Karriere als Weihbischof von Krakau in der Vorbereitung des Zweiten Vatikanischen Konzils Verständnis für die Priester gezeigt, die Schwierigkeiten mit dem Zölibat hatten. Als Papst wurde er zu einem der rigorosesten Verteidiger der priesterlichen Ehelosigkeit. In vielen Ansprachen und Dekreten, wie im nachsynodalen Rundschreiben *Pastores dabo vobis* von 1992, bekräftigte er sein Festhalten am Zölibat. Er erschwerte den Verwaltungsakt der Laisierung heiratswilliger Priester, weil er den Eindruck vermeiden wollte, es handle sich dabei um ein einklagbares Recht des Einzelnen und nicht um einen Gnadenakt der Kirche. Dabei verwies er auf die

Strenge beim Eherecht, das eine kirchliche Scheidung nicht erlaube. Die Dispens vom Zölibat bei Aufgabe des Priesteramtes sei dagegen zu leicht zu erhalten gewesen.

Unter Benedikt XVI. hat sich an der grundsätzlichen Haltung zur priesterlichen Ehelosigkeit der lateinischen Kirche nichts geändert. Es ist aber bemerkenswert, dass der Papst sich als Theologieprofessor in Regensburg für eine Lockerung der Zölibatsverpflichtung ausgesprochen hatte. Bereits im Februar 1970 hatten sich neun Theologen, darunter Karl Lehmann und Karl Rahner, in einem Memorandum an die deutschen Bischöfe gewandt und darum gebeten, die Pflicht der Priester zur Ehelosigkeit auf den Prüfstand zu stellen. Die beiden Mitunterzeichner Joseph Ratzinger und Walter Kasper, die beide später als Kardinäle an die Kurie berufen wurden, hatten sich von dieser Position jedoch wieder abgewandt.

Erneute Bewegung kam mit Papst Franziskus in die Zölibatsdiskussion. Obwohl selbst als Jesuit Ordensmann, kennt er die Situation in Südamerika genau. Als ehemaliger Erzbischof von Buenos Aires weiß er um den Priestermangel, dessen Ursachen vielfältig sind. Der Zölibat gehört sicher dazu. Als Papst soll er, angesprochen auf die Problematik des Zölibats, geantwortet haben: »Ich werde eine Lösung finden.« In seiner ersten Enzyklika *Evangelii Gaudium*, die so etwas wie seine Regierungserklärung war, hat er einen wesentlichen Perspektivenwechsel zum Ausdruck gebracht: »Die Wirklichkeit ist wichtiger als die Idee.« Das ist für einen obersten Hüter der Glaubensüberlieferung eine provozierende Aussage, denn sie bedeutet: Die Ideen, die die Kirche verkündet, müssen dazu dienen, die Wirklichkeit zu verstehen und zu erklären. Wenn sie dazu nicht mehr taugen, werden sie verschwinden.

Der Papst trägt allen Gläubigen auf: Schaut euch die Wirklichkeit an und prüft eure Ideen am Leben. Es scheint so zu sein, dass er die Lösung in der Abkehr vom römischen Zentralismus sieht. Er ermuntert die Bischöfe immer wieder, mutige Vorschläge für die Zukunft der Kirche zu unterbreiten. Doch diese Aufforderungen zu Initiativen »von unten« verhallen – zwar gehört, aber vor lauter Angst vor allzu großer Veränderung folgenlos. Trotzdem gibt es Hoffnung. Die Tür zu einer Veränderung ist einen Spaltbreit geöffnet worden. Vielleicht taucht plötzlich ein mutiger Bischof aus der Peripherie der Kirche auf, der auf Volkes Stimme hört und seine Amtsbrüder dazu bringt, in Rom für eine regionale Lösung zu kämpfen. Es wäre, was den Zölibat betrifft, an der Zeit.

Überblickt man die Geschichte des Zölibats in der römisch-katholischen Kirche, so wird klar, dass er immer fraglich und nie widerspruchslos akzeptiert war. Jesus selbst hat ihn nie gefordert. Der Apostel Paulus, der das Christentum erst für die Welt außerhalb des Judentums tauglich gemacht hat, hielt zwar das Unverheiratetsein für besser als die Ehe, weil er der Meinung war, Christus würde als Weltenrichter noch zu seinen Lebzeiten wiederkommen und daher lohne die Gründung einer Familie nicht mehr. Seine Schüler hingegen meinten, die Vorsteher christlicher Gemeinden sollten vorbildliche Ehemänner und Familienväter sein und im bewussten Gegensatz zum umgebenden Heidentum »nur eine Frau« haben. In Verbindung mit einer gewissen Leibfeindlichkeit, die die Hauptströmungen der antiken Philosophenschulen prägte, und durch das Eindringen alttestamentlicher Reinheitsvorschriften in das junge Christentum entstanden sowohl der Zölibatsgedanke für die Priester als auch die »Jungfräulichkeit« des Mönchtums: der Zölibat als Vorschrift, die klösterliche Ehelosigkeit als Gnadengabe des zum Mönchtum Berufenen. In mehreren Schüben wurde der Zölibat rechtlich festgezurrt, bis er auf dem Zweiten Laterankonzil 1139 kirchenrechtlich verbindlich zum Gesetz erhoben wurde. Ein Zölibatär konnte von da an nicht mehr heiraten und ein Verheirateter nicht mehr zum Priester geweiht werden.

Auch dieses Gesetz brauchte noch Jahrhunderte, bis es wirklich überall durchgesetzt wurde. Die Konsequenz war das Konkubinat: Ein Priester, der den Zölibat nicht halten wollte, lebte eben unverheiratet mit einer Frau zusammen. Auf mehreren Konzilien und Synoden in der Folgezeit wurde eine offene Diskussion des Themas durch päpstliche Intervention verhindert, aber natürlich war es unterschwellig präsent. Erst jetzt, seit Benedikt XVI. und Franziskus, dürfen auch heiße Eisen offen angesprochen werden. Bleibt zu hoffen, dass sich Ordensobere und Bischöfe finden, die das Thema Zölibat offen und ehrlich auf die Tagesordnung setzen. Es ist höchste Zeit, wenn die Kirche und mit ihr der christliche Glaube in unseren Breiten aufgrund des Priestermangels nicht verdunsten sollen.

Siebzehn Jahre Heimlichkeit

Matthias und Katharina Klein führen fast zwanzig Jahre lang eine versteckte Liebesbeziehung, bis er sich entscheidet, sein Priesteramt aufzugeben. Katharina erfährt in all den Jahren die ganze Demütigung, den Frust und die Traurigkeit, die eine solche Beziehung vor allem für die Frauen mit sich bringt. Deshalb engagiert sie sich in der Initiativgruppe vom Zölibat betroffener Frauen. Ihre Botschaft: Wir sind viele, wir haben alle ähnliche Erfahrungen, und – die Kirche muss sich bewegen.

Wieder sitzt Katharina da und sortiert Fotos. Wählt die aus, die sie ihrer Familie, ihren Freundinnen zeigen kann, und legt die beiseite, die sie vor ihren Nächsten verstecken muss. Zwei Wochen waren sie und Matthias, die andere Namen tragen als in diesem Text, in Italien am Mittelmeer. Zwei Wochen nur sie beide, ohne Vorsicht, ohne Verstecken, ohne Angst vor zu viel gezeigter Nähe. Doch ihr gemeinsamer Urlaub muss wie jedes Jahr ein gut gehütetes Geheimnis bleiben. Deshalb sortiert Katharina wie immer alle Fotos aus, auf denen Matthias zu sehen ist, bevor sie sie herzeigt. Nur sehr wenige Menschen in ihrem Umfeld dürfen alle Fotos sehen, dürfen wissen, mit wem sie ihre Urlaube verbringt. »Den anderen gegenüber bin ich mir oft ziemlich doof vorgekommen«, sagt Katharina im Rückblick. »Viele wunderten sich lange, wieso ich immer alleine unterwegs war und nie einen Freund hatte. Es hat mich sehr frustriert, dass ich dieses Bild abgeben musste, nur um Matthias zu decken. Ich wirkte wie eine verschrobene Frau und konnte doch nichts anderes machen, das fand ich so demütigend.« Das galt vor allem für die ständige Heimlichtuerei, die Legenden, das permanente Doppelleben. »Machen Sie das mal, ohne dass Sie Freunde oder Verwandte täuschen oder gar belügen«, sagt Katharina. Nicht authentisch zu sein – der Pastoralreferentin fällt gerade dies besonders schwer.

Kein Platz für ihre Liebe

Dabei ist es nicht einmal die Unehrlichkeit ihren Freunden gegenüber, die ihre Beziehung für Katharina so schwierig macht. Es ist schlicht die Frage, was davon wirklich eine Beziehung ist. Die Ernüchterung setzt auch dieses Mal bereits zu Beginn der zweiten Urlaubswoche ein. Noch ist alles wunderbar, doch das Ende ihrer befreiten gemeinsamen Zeit in Italien rückt unaufhörlich näher, nur noch vier, drei, zwei Tage ... Die letzten hundert Kilometer im Auto sprechen sie gar nichts mehr. Wieder zu Hause, ist Katharina nur noch zum Heulen zumute. Nicht nur dass sie Fotos aussortieren muss. Sie muss auch die Erinnerung an die Tage abschalten, in denen Matthias und sie in der Ferne ganz offen Mann und Frau sein durften. »Ich hatte mich damals zwar schon irgendwie an unsere sehr spezielle Beziehung gewöhnt und einen Modus für mich gefunden, im Grunde habe ich mich aber nie damit versöhnt«, weiß sie heute.

So beginnen Katharina und Matthias recht früh, heftig

um einen möglichen Weg für ihre Liebe zu ringen, wobei Katharina darunter früher als Matthias eine klare Entscheidung des Priesters versteht. Doch auch ihm ist rasch bewusst, dass er den Zölibat, den sein Amt verlangt, nicht leben kann, im Grunde niemals leben konnte. Gleichzeitig liebt er seinen Beruf über alles. Sein innerer Konflikt zwischen der Berufung und der Liebe hat zur Folge, dass die Liebe – so jedenfalls sieht es Katharina in ihren dunklen Augenblicken – stets zurückstecken muss und höchstens heimlich gelebt werden darf: »Eine Liebe hinter verschlossener Tür und abgeschoben in zwei gemeinsame Urlaubswochen. Was für ein Leben.« Am schlimmsten ist für Katharina, dass sie mit niemandem über ihre Gefühle sprechen kann. In was für eine Sackgasse hat sie sich da hineinmanövriert, seit sie den neuen Priester in ihrer Gemeinde kennengelernt hat?

Der attraktive Jugendpfarrer

Matthias wird im Alter von dreiunddreißig Jahren Schulseelsorger an einem katholischen Internat und gleichzeitig Jugendpfarrer in dem Ort, in dem Katharina aufgewachsen ist. Der junge Priester hat nach seinem Abitur und dem Zivildienst Theologie und Philosophie studiert. Schon als Kaplan in zwei Pfarreien erkennt er, dass ihm ohne Zweisamkeit, ohne Zärtlichkeit und Sexualität ein sehr wichtiger Aspekt seines Menschseins fehlen würde. Als Vikar lernt er eine Frau kennen und geht eine kurze Beziehung mit ihr ein. Seither weiß er, dass er den Zölibat nicht leben kann. Und im Grunde auch nicht leben will. Nun lernt Matthias die vierzehn Jahre jüngere Katharina kennen und hat bald den Eindruck: »Das könnte was sein.«

Katharina ist in der Gemeinde aufgewachsen und hat hier ihr Abitur gemacht. Dann beginnt sie in der fünfzig Kilometer entfernt gelegenen Universitätsstadt ein Theologiestudium. Sie will Pastoralreferentin werden. An den Wochenenden ist sie häufig zu Hause bei ihren Eltern, ihren Freunden und in ihrer Pfarrei. Über die Vorbereitung von Jugendgottesdiensten und anderen Veranstaltungen lernt sie den neuen Jugendseelsorger kennen. »Anfangs habe ich ihn einfach nett gefunden, sympathisch, authentisch, locker«, erinnert sich Katharina. Die beiden treffen sich häufiger, die Chemie stimmt, und immer öfter verabreden sich die beiden ins Kino. Sie begeistern sich gleichermaßen für Filme und schauen sich fast alles an, was neu auf die Leinwand kommt. Der wöchentliche Kinobesuch in der Stadt wird zu einem festen Termin – und für Matthias zu einem Fluchtpunkt aus dem Pfarrhaus, in dem er sich zunehmend einsam fühlt. Katharina merkt, wie die Zuneigung von Film zu Film wächst, aber sie verbietet sich weitere Gedanken darüber: »Das geht ja nicht, der ist doch Pfarrer«, denkt sie sich. Noch sind die Spielregeln eindeutig, keiner der beiden verletzt sie zunächst. Doch die Selbstdisziplin hält nicht: »Das ging ganz schleichend und jede weitere Annäherung zog ein Hin und Her aus ›schön‹ und ›scheiße‹ nach sich.«

Allen Mut zusammengenommen

Wenig später unternimmt eine Jugendgruppe aus der Gemeinde eine Wallfahrt. Katharina ist sich der gegenseitigen Zuneigung inzwischen hinreichend sicher; sie nimmt sich vor, mit Matthias zu reden. Am Ende der Wallfahrt nimmt sie ihren ganzen Mut zusammen und gesteht ihm ihre Gefühle. Sie hat da bereits entschieden, dass sie ein Jahr zum Studieren nach Irland gehen wird. »Vielleicht hat mir das die Hemmung genommen, ich habe es einfach drauf ankommen lassen. Trotzdem war ich unglaublich froh, als er mich dann einfach in den Arm genommen hat.« Matthias wiederum ist glücklich, dass es plötzlich eine Frau gibt, mit der es möglich zu sein scheint, das zu leben, was er so schmerzlich vermisst: Zärtlichkeit, Nähe, Sexualität, Zweisamkeit. »Gleichzeitig war da von Anfang an das Stoppschild: Das darf doch nicht sein, das kann ich doch nicht machen«, erinnert er sich an den Beginn ihrer Beziehung. »Du weißt schon, dass das nicht geht«, sagt er deshalb zu Katharina. Sie fragt sich: »Wieso küsst er mich dann?« Über viele Jahre hinweg wird diese Ambivalenz ihre Beziehung prägen, werden die beiden keine ungetrübte Freude, keine unbedingte Verliebtheit, keine unbeschwerte Zweisamkeit erleben. Stets schwebt über ihnen drohend das Verbot dessen, was sie verbindet, durch ihre Kirche.

Versuch von Normalität

Trotz der Entfernung zwischen Deutschland und Irland markieren Katharinas Auslandssemester den Beginn ihrer Beziehung. Sie schreiben sich viele intensive Briefe. Matthias sehnt sich nach ihr, gleichwohl wünscht er sich, dass sie in Irland einen anderen Mann kennenlernt und ihr diese schwierige Priesterliebe erspart bleibt. Etwa zur Hälfte ihres Aufenthalts in Irland unternimmt er eine Studienfahrt mit anderen Priestern auf die Insel und setzt sich von der Gruppe ab, um sich mit Katharina zu treffen. Das Wiedersehen empfinden beide als wunderschön, die lange

Distanz ist schlagartig weg. Katharina hat Angst gehabt vor dem Treffen, doch in seinen Armen fühlt sich alles wieder gut und richtig an: »Es hatte sich überhaupt nichts geändert.« Auf langen Spaziergängen über grüne Wiesen reden die beiden stundenlang über ihre Gefühle füreinander, doch es bleibt vollkommen unklar, wie das nun gehen könnte: diese Gefühle miteinander zu leben.

»Trotz aller Offenheit und aller Bekenntnisse blieben wir immer an dem gleichen Punkt hängen: Das geht irgendwie nicht, das kann nicht sein.« Vor allem, weil für Matthias das Aufgeben seines Priesteramtes keine Option darstellt. Als Katharina ein Vierteljahr später nach Deutschland zurückkommt, hat er gerade eine Stelle in einer kirchlichen Institution angenommen, in der er auch wohnt. Der Vorteil ist: Zumindest an den Wochenenden hat er frei, das ermöglicht Freiräume, die die beiden zu nutzen wissen, und so beginnen sie ihre Beziehung tatsächlich auch zu leben – wenngleich unter schwierigen Rahmenbedingungen. »Ich musste mich immer rein- und wieder rausschleichen, möglichst im Dunkeln, wie eine Jugendliche, das fand ich so entwürdigend«, sagt Katharina.

Angst vor der Konsequenz

Das Schwierigste ist für Katharina allerdings in all den Jahren, die folgen, dass Matthias immer wieder vor der Konsequenz zurückschreckt, voller Skepsis, was richtig ist und was falsch. »Damals war ich vollkommen hin- und hergerissen zwischen meiner Liebe zu Katharina und den Konsequenzen, die das hätte, wenn ich das ernst meinte«, erinnert er sich. Katharina hat heute noch eine Aussage von ihm im Kopf: »Eines Tages sagte er mir: ›Du weißt, dass ich dich nicht liebe.‹ Das muss man sich mal vorstellen: nach Jahren der Freundschaft, des Verliebens, der längst heimlich gelebten Beziehung. Das war schon ein Schlag.« Solche Schläge muss sie mehrere einstecken, immer wieder macht Matthias Rückzieher. Bis es ihr reicht mit dieser unmöglichen Beziehung. Sie sagt den lange geplanten gemeinsamen Urlaub ab. Eine Zeit der Funkstille wird vereinbart, die allerdings gerade mal acht Wochen anhält. Beide spüren: Es geht nicht miteinander, aber erst recht nicht ohneeinander.

Solidarität mit anderen Frauen

Was Katharina in dieser Zeit hilft, ist die Solidarität mit anderen Frauen. Auf dem Katholikentag in Ulm 2004 kommt sie zum ersten Mal an einem Stand vorbei, den die »Initiativgruppe vom Zölibat betroffener Frauen« aufgebaut hat. Sie schaut sich die Frauen erst einmal an, die an dem Stand stehen. »Die sehen eigentlich ganz normal aus«, findet sie. Einige Zeit lang streift sie durch die Messehalle und schleicht immer wieder an dem Stand vorbei. Dann nimmt sie allen Mut zusammen und spricht eine der Frauen an.

Einige Wochen später nimmt Katharina an einem Treffen teil. Ein Wochenende lang tauschen sich Frauen von katholischen Priestern über ihre Erfahrungen aus. Katharina erinnert sich: »Es war ein geschützter Raum, in dem ich mich öffnen konnte, weil ich wusste: Die anderen haben ähnliche Erfahrungen wie ich, und wir teilen alle die gleichen Gefühle.« Solche Treffen gibt es jedes Jahr, und sie laufen stets nach demselben Muster ab: Am Freitagabend gibt es zunächst eine Erzählrunde, in der sich jede

Teilnehmerin von der Seele reden kann, was sie belastet. Am Samstag besprechen die Frauen in kleineren Gruppen konkrete Themen: wie man mit der Familie am besten umgeht, wie die Spiritualität bei all den Konflikten nicht verloren geht, wie man einen Ausstieg organisieren kann. Einige leben schon so lange mit dem Priester zusammen, dass sich die Frage stellt: Was ist, wenn ihr Mann ein Pflegefall wird? Die Solidarität unter den Frauen an jenem Wochenende tut Katharina unheimlich gut. Sie sieht, dass sie nicht allein ist. Dass nicht nur sie in einer Sackgasse steckt. Und dass das nicht ihre Schuld ist. Sie erkennt, dass einige der Frauen sehr tragische Geschichten erleben, zum Teil schon seit Jahrzehnten. Und sie fragt sich, weshalb manche Frauen so mit sich umspringen lassen. Am Ende des Treffens findet sie, dass sie eigentlich noch Glück habe. »Auf der Beziehungsebene hat es mit Matthias immer gepasst.«

Auch Matthias findet Unterstützung. Zu einer Ausbildung als Supervisor, die er macht, gehört auch eine Psychoanalyse. Zur selben Zeit finden sich er und sechs weitere Priester in einem Kreis, in dem sie sich offen über ihren Umgang mit dem Zölibat austauschen. Alle leiden unter der Einsamkeit des Berufs und der Abwesenheit von Nähe und Zärtlichkeit und ringen um eine für sie stimmige Lebensform. Matthias kann sich damals vorstellen, dass Katharina mit ihm zusammen in einem Pfarrhaus lebt und als Pastoralreferentin arbeitet. In dieser Konstellation könnten sie ihre Beziehung doch ganz gut führen, schlägt er ihr vor, doch sie reagiert entsetzt und ist erneut frustriert: »In diesem Moment dachte ich nur, der Matthias gibt seinen Beruf niemals auf, so ein Mist.« Im Pfarrhaus, ist sie sich sicher, wären die beiden noch mehr den wachsamen Augen der Öffentlichkeit ausgesetzt, und das Versteckspiel würde noch anstrengender und belastender.

Dann macht sie Schluss

Wenig später steht für Matthias ein Stellenwechsel an. Er wird auch weiterhin nicht als Gemeindepfarrer arbeiten, sondern in der Sonderseelsorge. Inzwischen ist auch Katharina mit ihrem Studium fertig, die Ausbildung liegt hinter ihr, und sie tritt eine Stelle an, die nur dreißig Kilometer von der seinen entfernt liegt. Die äußeren Bedingungen werden günstiger, auch spontane Treffen für einen Abend sind nun möglich. Genau in dieser Phase, in der sich die Beziehung zu festigen scheint, macht Katharina Schluss. Sie hat sich in einen anderen Mann verliebt, der zwar verheiratet ist und zwei Kinder hat, aber etwas Wesentliches für sie anbietet: »Er war bereit, alles für mich aufzugeben. Ich war beeindruckt, dass da endlich jemand alles für mich tun wollte, einer, dem ich das wirklich Wichtigste bin«, sagt sie heute.

Matthias fühlt den Boden unter seinen Füßen wanken, als Katharina ihm von dem anderen Mann erzählt. Zum ersten Mal in seinem Leben hat er eine schlaflose Nacht, viertelstündlich hört er die Kirchenglocken. Am nächsten Morgen fährt er direkt zu ihr. »Wenn ich das nicht getan hätte, wäre es aus gewesen«, weiß er. So erreicht er wenigstens eine Art Aufschub. Und er gewinnt in dieser Situation eine Erkenntnis: »Zum ersten Mal habe ich erkannt, dass ich auf diese Beziehung, auf die Nähe zu Katharina und das Zusammensein mit ihr, nicht verzichten kann.« Allerdings fragt er sich: »Darf ich wirklich um sie kämpfen, wenn ich ihr nicht alles geben kann?« Sie wiederum denkt: »Wenn er jetzt nicht kämpft, dann hat er mich schon verloren.« Ein guter Freund vertreibt Matthias' Zweifel: »Du musst um sie kämpfen, wenn du sie liebst.« Und das tut er dann auch. »Ich habe in dieser Zeit gemerkt, dass es nun nicht mehr nach meinen (Kirchen-)Regeln ging, sondern nur noch um uns beide«, sagt Matthias rückblickend. »Das war damals eine echt dramatische Situation«, erinnert sich Katharina, »doch im Rückblick unglaublich wichtig für uns beide.« Auch wenn sie zunächst skeptisch ist, erlebt sie in diesen Wochen zum ersten Mal Konsequenz, was seine Haltung zu ihrer Beziehung betrifft. Es entwickelt sich zwischen den beiden – trotz aller fortbestehenden Schwierigkeiten – doch eine verbindliche innere Entschiedenheit füreinander.

Ein wenig Leben

Als Katharina wenig später offiziell als Pastoralreferentin beauftragt wird, sitzt Matthias in der zweiten Reihe hinter ihr, neben den Partnern der anderen Referenten. Sie weint vor Freude, als er bei der anschließenden Feier im kleinen Kreis mit der Gitarre Lieder für sie singt: »Morning Has Broken«, »Wagt euch zu den Ufern« – beides umgetextet auf sie. »Das war so was wie eine halb öffentliche Liebeserklärung. Ich war hin und weg, zum ersten Mal hatte ich das Gefühl, zu wissen, wohin ich gehöre. Seit dieser Krise wussten wir – und zeigten es uns auch –, dass wir nicht mehr ohneeinander können.« Und doch dauert es noch viele Jahre, bis die beiden ihre verbindliche Entscheidung füreinander auch in letzter Konsequenz umsetzen können.

Das Problem ist: Matthias ist sehr gerne Priester und

sucht deshalb nicht bewusst nach Alternativen. Und auch die frischgebackene Pastoralreferentin würde ihren Job bei der Kirche verlieren. Die beiden versuchen jetzt, ihre Beziehung, so gut es ihnen möglich ist, zu leben. Das Gute ist, dass er sich mit seinem Job nicht so sehr auf dem Präsentierteller befindet, wie es in einer Pfarrei der Fall wäre. Außerdem hat er, verglichen mit einem Pfarrer, der fünf Gemeinden betreuen muss, relativ viel Zeit. Meistens kommt er am Sonntag nach dem Gottesdienst zu ihr, und sie verbringen dann den Montag miteinander. Auch Katharina übernachtet häufig bei ihm.

Anonyme Anzeige

Sie werden freier, offener und haben kaum mehr Angst, dass jemand sie anschwärzen könnte. Ihre Devise: Jeder darf sehen, dass sie befreundet sind, alles andere geht niemand etwas an. Tatsächlich: Niemand fragt sie in all den Jahren, niemals gibt es eine zweideutige Bemerkung – bis Matthias eines Tages von einem Kollegen in der Institution, in der er eingesetzt ist, im Vertrauen angesprochen wird: Jemand im Haus muss ihn angeschwärzt haben, und er hat auch eine Ahnung, wer es gewesen sein könnte. Es ist ein schwieriger Typ, mit dem es in der letzten Zeit zahlreiche Konflikte gegeben hat und der sich offenbar rächen will. Matthias' Problem ist, dass ihm das nichts nützt. Denn selbst wenn der Verdächtigte der Verursacher der Behauptung ist, die offenbar gerade durchs Haus sickert, wird Matthias ihn nicht der Verleumdung oder wenigstens der üblen Nachrede bezichtigen können – schlicht und ergreifend, weil es sich um keine falsche Tatsachenbehauptung handelt.

Wie also reagieren? Ist jetzt die Stunde der Wahrheit gekommen? Fliegt ihm nun alles um die Ohren, wie er es so oft schon befürchtet hat? Matthias hat eine schlaflose Nacht. Lügen kommt für den Priester nicht infrage, aber muss er deshalb von sich aus gleich alles offenlegen? Er entschließt sich zur Flucht nach vorn und tritt vor das gesamte Kollegium: Ja, es sei richtig, dass er mit Katharina gemeinsam im Urlaub war, sie seien seit vielen Jahren miteinander befreundet. Mehr sagt er nicht. Keine weitere Erklärung seinerseits, keine Nachfrage der anderen. Die Wogen im Haus glätten sich wieder. Aber Matthias und Katharina wird klar, dass es ewig mit ihrer Heimlichtuerei nicht weitergehen kann.

Weitere Jahre Heimlichkeit

Zumal sie auch privat nicht ohne Versteckspiel auskommen. Wenn sie mit seinen Eltern zum Essen ausgehen, legt Matthias' Mutter Wert darauf, dass sie an einen fremden Ort fahren, wo man sie nicht kennt. Zu Hause soll niemand mitbekommen, dass ihr Sohn, der Pfarrer, eine Freundin hat. Zur Goldenen Hochzeit der Schwiegereltern fährt Katharina nicht, obwohl es ihr wichtig wäre. Matthias leidet unter dieser Situation, und auch seine Geschwister raten ihm zunehmend eindringlicher: »So geht das auf Dauer nicht.« Katharina erlebt diese Jahre trotz ihrer Liebe immer wieder als demütigend. »Eigentlich ist es ein Wahnsinn, dass wir das siebzehn Jahre lang durchgehalten haben. Wir wussten schon, dass wir einander wollen und auch füreinander bestimmt sind, aber ob wir uns ganz bekommen, das war lange vollkommen unklar.«

Jahr um Jahr vergeht, ohne dass sich Optionen für das Paar auftun. Immer wieder gibt es Phasen, in denen sie sich fernerstehen, manchmal brechen sie für Wochen den Kontakt ab. Katharina stellt ihrerseits immer wieder die Beziehung grundsätzlich infrage. Sie erinnert sich an viele schlaflose und durchweinte Nächte. »Als Frau eines Priesters ist man in einer vollkommen bescheuerten Situation: Er hat alles, die Frau und die Kirche, sie aber hängt in der Luft, solange er im Amt bleibt.« Frustriert fragt sie sich in den trüben Momenten: Ist dies das Leben, das ich will? Als der Leidensdruck größer wird, entschließen sich die beiden, sich Hilfe zu holen, und beginnen eine Paartherapie, die sie beide gleichermaßen hilfreich finden. »Vor allem haben wir dabei gelernt, anders miteinander zu reden, auch über unsere Gefühle und unsere Wünsche«, sagt Matthias. »Ich habe durch die Therapie besser verstanden, was Katharina seit so vielen Jahren schon durchmacht.«

Raus aus der Sackgasse

Auf die Frage, was sie in den langen Jahren der Ungewissheit gelernt haben, nennen sowohl Katharina als auch Matthias Gottvertrauen und das Vertrauen ineinander. Und die Gelassenheit, mit der Situation nicht ständig zu hadern und Entscheidungen nicht immer zu fordern, sondern sie abwarten zu können. Diese Haltung bewährt sich, als sich Jahre später Matthias' nächster Karriereschritt anbahnt: Er soll eine leitende Funktion in der kirchlichen Institution übernehmen, in der er arbeitet. Die beiden beraten sich intensiv, und Katharina rät ihm schließlich zu diesem Schritt. »Natürlich wusste ich, dass das seine Priesterkarriere weiter verfestigt, obwohl sie doch schon längst beendet sein sollte. Doch ich konnte das jetzt entspannter sehen. Er wollte das, und wir hatten auch keine vernünftige Alternative.« Zur offiziellen Amtseinführung soll ausgerechnet Katharina im Namen der pastoralen Mitarbeiter ein Grußwort sprechen. »Das war eine von so vielen absurden Situationen, bei denen man nicht recht wusste, ob man darüber lachen oder weinen sollte.«

Einige Jahre später endet seine Amtszeit. Das traditionsreiche Haus, dem Matthias vorsteht, soll geschlossen werden. Diese Zäsur bietet endlich die von Katharina lang ersehnte Chance, zumal auch sein silbernes Priesterjubiläum ansteht. Beides will Matthias noch im Guten abschließen. Und dann die Gelegenheit beim Schopf packen. »Es war mir wichtig, dass ich mir sagen konnte: Ich bin nicht als Priester gescheitert, ich habe fünfundzwanzig Jahre meinen Dienst getan, ich habe mich bemüht und wahrscheinlich auch mit Erfolg – ich habe einfach nur die Sache mit dem Zölibat nicht auf die Reihe bekommen.« Matthias will erhobenen Hauptes gehen, und Katharina versteht das jetzt. Ihre gemeinsame Therapie hat dafür die Grundlage geschaffen, denn auch Matthias sieht, dass es an der Zeit ist, endlich der Beziehung den Vorrang vor dem Amt einzuräumen. »Es hat sehr lange gedauert, bis wir diese Entscheidung treffen konnten, aber im Rückblick sehen wir, dass wir beide diese Zeit einfach gebraucht haben«, sind sich die beiden heute sicher.

Der Abschied

Nach der feierlichen Verabschiedung fragt der Personalreferent des Bistums bei Matthias immer wieder nach, welche weitere Verwendung er sich vorstellen könne. Matthias sucht ihn auf und teilt ihm mit, dass er aufhören möchte, dass er den Zölibat nicht mehr leben wolle und dass ihn weder eine Kur noch ein Sabbatjahr, wie sie ihm der Referent anbietet, von seiner Entscheidung abbringen kann. Auch dem Bischof macht er wenig später klar, dass er sich unter keinen Umständen umstimmen lassen werde. »Er hat sehr fair und anständig reagiert«, erinnert sich Matthias. »Er hat keinen Druck aufgebaut und mir auch kein schlechtes Gewissen gemacht.« Trotzdem muss ihn der Bischof unverzüglich suspendieren.

Es bleibt die Frage der Zurückversetzung in den Laienstand. Klein kann sich vorstellen, Priester zu bleiben und der Kirche im Prinzip jedenfalls weiter zur Verfügung zu stehen. Es könnte sich ja unter Franziskus etwas ändern. Dennoch ist dies für ihn keine Option – weil er weiß, dass es für Katharina keine ist. »Jetzt war es an der Zeit, ihr zu zeigen, dass ich allein ihr Mann bin und nicht länger auch einer der Kirche«, sagt er. So lässt er sich auch laisieren und zieht unmittelbar aus der Priesterwohnung aus in eine Ferienwohnung.

In der Ferienwohnung

Dort verfassen die beiden zwei offene Briefe an Freunde, Verwandte, Mitarbeiter und Kollegen, mit denen sie ihr Umfeld über die getroffene Entscheidung informieren. Auch ein Text an die Presse geht raus. »Uns war es wichtig, unsere Entscheidung ehrlich und transparent zu kommunizieren, und es hat sich im Nachhinein gezeigt, dass das der richtige Weg war«, sagt Matthias. Die zwei sehr persönlich formulierten Briefe gehen wie ein Lauffeuer durch die Diözese. Am selben Abend noch erhalten die beiden zahlreiche Mails und Anrufe, ausnahmslos voller Zuspruch und ermunternder Solidarität, wenn auch bei vielen Menschen in der Kirche Traurigkeit darüber mitschwingt, dass diese erneut zwei gute Leute verliert. Eine spontane Umfrage eines Mediums anlässlich der Berichterstattung über den Fall Klein gibt eine klare Lesermeinung: 84 Prozent befürworten die Abschaffung des Zölibats, nur 14 Prozent halten ihn für unabdingbar.

»Der große Zuspruch hat uns überrascht«, sagt Katharina. »Er zeigt, dass für die Menschen der Zölibat des Priesters nicht mehr wirklich wichtig ist und auch längst nicht mehr als Zeichen wahrgenommen wird, wie es die Kirchenoberen bis heute oft behaupten. Die Menschen in den Gemeinden möchten einen guten Seelsorger, der ihre Sprache spricht, der für sie da ist – ob der nun ehelos lebt oder nicht, ist den allermeisten völlig egal. Solange die Kirche am Pflichtzölibat festhält, hat sie ein riesiges Glaubwürdigkeitsproblem.«

Katharina und Matthias sind froh um den Zuspruch und die Unterstützung, die sie sowohl von Kirchenseite als auch von ihrem beruflichen und privaten Umfeld erfahren. Nun geht es darum, in die Zukunft zu blicken. Schneller als erwartet eröffnet sich für Matthias eine neue berufliche Perspektive. Er ist heute in der Flüchtlingsarbeit tätig. Katharina bekommt von ihrer Diözese eine Stelle in der Erwachsenenbildung angeboten, die sie nach einer kurzen Übergangszeit antreten kann. »Alles lief für uns besser und einfacher, als wir es erwartet hatten. Würde jeder Bischof so reagieren und mit den Priestern, die ihr Amt aufgeben müssen, so respektvoll und verständnisvoll umgehen, wäre viel gewonnen.«

Notruftelefon für die Frauen von Priestern

Genau dafür kämpft Katharina nun unter anderem mit der Initiativgruppe vom Zölibat betroffener Frauen. Da sie nun endlich aus der Anonymität jener Frauen herausgetreten ist, die einen katholischen Priester lieben, empfindet sie ihre neue Situation als Verpflichtung, den vielen Frauen, die ihre Beziehung oft verzweifelt jahrelang heimlich leben, eine Stimme und ein Ohr zu geben. »Wir sind zu dritt, die wir E-Mails beantworten oder telefonisch einfach nur da sind«, berichtet sie von dieser Arbeit. »Das Konfliktmuster ist immer dasselbe, die Fälle sind aber stets anders«, sagt Katharina. Manchmal meldeten sich Frauen, die merkten, dass sich etwas anbahnt mit einem Priester, andere leben schon jahrelang in einer Beziehung. Viele fühlen sich verunsichert, überfordert, haben ein schlechtes Gewissen. »Bei ganz vielen ist es wie bei mir, dass die Frauen nicht verstehen, wie ihre Männer ticken. Die meinen: Wenn der mich liebt, wie er es sagt, dann muss er doch zu mir stehen. Doch so einfach ist es unter Kirchenmännern halt nicht, dieser Beruf bedeutet den meisten sehr viel, und die Bindung zur Kirche ist oft immens stark.«

Häufig melden sich aufgelöste, vollkommen verzweifelte Frauen. »Die wissen nicht weiter und haben oft niemanden, mit dem sie über dieses spezielle Problem sprechen können.« Im Schutz der Anonymität versuchen Katharina und ihre Kolleginnen, ihnen sachte zu verstehen zu geben, dass sie alles andere als allein sind mit ihren Erfahrungen, und vor allem: dass sie und auch ihre Männer keine Schuld tragen an den Schwierigkeiten, unter denen sie leiden, auch wenn sich manche Priester ihren Freundinnen gegenüber schäbig verhalten. »Verantwortlich für dieses Leid ist allein eine Kirche, die eine Lebensform zum Maßstab eines Berufs macht, die für die allermeisten Menschen nicht lebbar ist.«

Zölibat, Spiritualität und Berufung

Landläufig unterscheidet man zwischen Beruf und Berufung. Der Beruf ist eine frei gewählte entgeltliche Tätigkeit, die nach Neigung und Eignung erlernt wird und der wirtschaftlichen Sicherung dient. Man muss nicht lebenslang in einem einmal erlernten oder ausgeübten Beruf bleiben. Bei der Berufung kommt hinzu, dass man einen inneren Auftrag spürt, einen bestimmten Beruf auszuüben. Man nennt das auch »Ruf«. Dieser Ruf kann religiöse oder spirituelle Dimensionen haben. Neben dem Priesterberuf hatte lange Zeit der Arztberuf diesen Aspekt einer Berufung. Dies galt auch für Lehrerinnen, von denen sogar bis in die Sechzigerjahre Ehelosigkeit gefordert wurde.

Priester wird man, weil man in sich eine Berufung spürt. Diese Berufung ist, da es sich um einen innerlichen und ganz individuellen Vorgang handelt, natürlich durch Außenstehende nicht nachzuprüfen. Es kann nur die Eignung für den Priesterberuf als vorhanden oder fehlend festgestellt werden. Die Kriterien dafür haben sich im Laufe der Geschichte immer wieder verändert. Fühlt sich ein Kandidat berufen, hat er die Ausbildung durchlaufen und befinden ihn der Bischof bzw. in seinem Auftrag die

Ausbilder für geeignet, darf ihm die Zulassung zur Weihe nicht verweigert werden. Doch war es immer schon so, dass Berufung ein individueller, ganz persönlicher Vorgang war? War Berufung nicht eher von Anfang an ein Begriff, der die Beauftragung durch die Gemeinde, die Kirche meinte?

Beim derzeitigen Berufsbild des römisch-katholischen Priesters spielt der Zölibat eine wichtige Rolle. Wer sich zum Priester berufen fühlt, muss bereit sein, zölibatär zu leben. Es wird nicht unterschieden, ob ein zum Priester Berufener auch zu einem Leben im Zölibat berufen ist. Wenn die Zahlen belastbar sind, ist das bei zwei Dritteln der Berufenen nicht der Fall.

Was den Priesterberuf der katholischen Kirche neben dem Zölibat noch ganz besonders zur Berufung werden lässt, ist der Begriff des »unauslöschlichen Merkmals«, das mit der Priesterweihe verbunden wird. Zwei Sakramente sind es, die diesen »character indelibilis« (wie er auf Lateinisch heißt) tragen: die Taufe und die Weihe. Einmal getauft, bleibt man ein Leben lang Christ – auch wenn man den Glauben verlieren sollte und, wie es in Deutschland, Österreich und der Schweiz möglich ist, aus der Kirche austritt. Bei einem Wiedereintritt muss und kann man kein zweites Mal getauft werden. Analog gilt das für die Weihe: Einmal geweiht, bleibt man es ein Leben lang, selbst wenn man den Glauben verlieren oder aus der Kirche austreten sollte – oder, was eigentlich gar nicht geht, aber kirchenrechtlich möglich ist, laisiert werden sollte. Bei einer Rückkehr braucht man nicht erneut geweiht zu werden.

Genau aus diesem Grund ist auch das ordentliche Verlassen des Priesterdienstes von der Kirche so schwierig gemacht worden. Bis in die Sechzigerjahre war es schier unmöglich, auf eigenen Antrag beim Heiligen Stuhl in Rom laisiert, das heißt rechtlich in den Laienstand zurückversetzt zu werden. Natürlich konnte man den Beruf immer schon einfach an den Nagel hängen, wenn einem Priester ein ordentliches kirchenrechtliches Verfahren egal geworden war. Früher war dies aber vielfach mit öffentlicher Diskriminierung verbunden. Unter Papst Paul VI. wurde die freiwillige Laisierung dann erleichtert, was dazu führte, dass unmittelbar nach dem Zweiten Vatikanischen Konzil sehr viele Priester ein Laisierungsverfahren anstrengten, dem in der Regel auch stattgegeben wurde. Unter uns Priestern wurde damals kolportiert, dass es genüge, eine Postkarte mit dem Antrag auf Laisierung nach Rom zu senden.

Deshalb erließ Papst Johannes Paul II. im Jahr 1980 neue Richtlinien mit der Maßgabe eines meist mehrjährigen kircheninternen Prüfverfahrens. Damit wollte der Papst die Befreiung vom Zölibatsversprechen nicht als bloßen Verwaltungsakt erscheinen lassen und darüber hinaus verhindern, dass Kleriker in der Laisierung eine schnelle Lösung für persönliche Krisen suchen. Dem Eindruck, es könnte sich bei der Laisierung um einen Automatismus oder gar einen Rechtsanspruch handeln, sollte durch die strengere Prüfung entgegengewirkt werden. Priester unter vierzig Jahren hatten danach für einige Zeit nur noch geringe Aussichten, in den Laienstand zurückversetzt zu werden, und viele Anträge wurden gar nicht erst zur Prüfung angenommen.

1997 wurde das Verfahren in der Praxis wieder erleichtert und die lange Verfahrensdauer gestrafft. Sofern der Ortsbischof oder Ordensobere den Antrag befürwortet und die Begründung sowie die aktuelle Lebenssituation des Bittstellers es ratsam erscheinen lassen, entspricht der Heilige Stuhl dem Gesuch heute in der Regel.

Damit es dazu später nicht kommen muss, studieren angehende Priester nicht nur Theologie, sondern werden außerdem in einer gemeinschaftlichen Unterkunft ausgebildet und spirituell geformt. Diese Ausbildungsstätten werden seit der Zeit der Gegenreformation Seminar genannt. Der Begriff kommt aus der Gärtnersprache und heißt eigentlich: Pflanzstätte. Im Seminar soll also das »Pflänzchen« priesterliche Berufung gehegt und gepflegt und zur Reife gebracht werden. Ein wichtiger Teil dieser spirituellen Formung ist die Erziehung zu einem zukünftigen zölibatären Leben.

Um die angehenden Priester spirituell auf ihr Berufsziel und den von ihnen zu haltenden Zölibat vorzubereiten und um diejenigen, die schon in Amt und Würden stehen, in ihrem Leben zu begleiten und in der einmal gefällten Entscheidung zu halten, haben sich bestimmte spirituelle Bilder und Erzählungen empfohlen, die zum Teil aus der Heiligen Schrift, zum Teil aus der Frömmigkeitstradition der Kirche und zum Teil aus der berufsspezifischen Psychologie entnommen wurden.

Die Nachfolge oder **Nachahmung Jesu** ist sicher der erste Anstoß, der gegeben wird. Wie die Jünger, die Jesus nach dem Zeugnis der Evangelien gefolgt sind, sollten auch die Priester Jesus nachfolgen und sein beispielhaftes Leben nachahmen. In den Evangelien wird nichts über eine Ehefrau Jesu berichtet, was eigentlich für einen jüdischen Wanderrabbi seiner Zeit untypisch ist. Daraus schließt die christliche Tradition – übrigens aller Konfessionen –, dass Jesus unverheiratet war.

Anders ist es bei den Zwölfen, die später Apostel genannt wurden. So ist ausdrücklich von einer Krankheit der Schwiegermutter des Petrus die Rede, die von Jesus geheilt wird; Petrus war also verheiratet. Nirgendwo wird seine Frau weiter erwähnt. Wir wissen nicht, ob sie ihn auf seinen Missionsreisen begleitet hat. Die **vita apostolica,** das Leben nach Art der Apostel, war neben der Nachahmung Christi ein weiteres Vorbild vor allem für die Mönche, das im Lauf der Zeit auch auf das Priestertum der Kirche übertragen wurde. Dabei wurde in erster Linie auf das Idealbild der jungen Christengemeinde in Jerusalem hingewiesen, wie sie im zweiten und vierten Kapitel der Apostelgeschichte geschildert wird. Dort geht es hauptsächlich um das gemeinschaftliche Leben der ersten Christen, ihre Einmütigkeit und ihre Gütergemeinschaft. Dieses gemeinschaftliche Leben wurde zum Vorbild für die im 3. und 4. Jahrhundert entstehenden Klöster und das Leben der Mönche. Erst im Zuge eines seit dem Mittelalter häufiger geforderten gemeinschaftlichen Lebens der Priester und der schon mehrmals angeführten »Vermönchlichung« des Priesterbildes wurde auch dieses Gemeinschaftsideal auf die Seelsorgspriester übertragen. Unter einem »apostelgleichen Leben« verstand man in ihrem Bereich ursprünglich die Verkündigung und Verbreitung des Evangeliums nach dem Beispiel der Apostel.

Ein weiteres Ideal, das aus dem Umfeld des Mönchtums auf das Priestertum übertragen wurde, war das des **engelgleichen Lebens.** Die Engel sind Boten Gottes an die Menschen, aber sie bilden auch seinen »Hofstaat«, indem sie nach einigen bildhaften Schilderungen der Bibel Tag und Nacht Gott (der wie ein orientalischer Herrscher aufgefasst wurde) umgeben, ihn anbeten und lobpreisen.

Für die Begründung des Zölibats wurde daneben die Tatsache wichtig, dass die Engel geschlechtslose Wesen sind, die ganz in ihrem Dienst vor Gott aufgehen.

Die römisch-katholische Tradition und Theologie kennt eine besondere Verehrung der **Mutter Jesu,** die schon in den Evangelien eine herausragende Rolle zugewiesen bekommt. Hier spielt besonders das (auch schon in heidnischen Überlieferungen bekannte) Motiv der Jungfrauengeburt eine Rolle. Es bestimmt das Verhältnis Marias zur Geschlechtlichkeit. Die Tradition, die sich immer mehr der Verehrung Marias annahm, verklärte sie zur allzeit reinen Jungfrau. Nicht mehr ihre Mütterlichkeit und die daraus resultierende Tatsache der Menschlichkeit ihres Sohnes Jesus standen im Vordergrund, sondern die bleibende Jungfernschaft Mariens »vor, während und nach der Geburt« Jesu. Und dies, obwohl im Evangelium ausdrücklich von Brüdern und Schwestern Jesu die Rede ist. Dieses Ideal der immerwährenden Jungfräulichkeit galt es für den zölibatären Priester nachzuahmen. Maria wurde sogar zum spirituellen Ersatz einer menschlichen Ehefrau hochstilisiert.

Eine ähnliche geistliche Beziehung wie zur in den Himmel erhobenen Jungfrau Maria konnte und sollte der Priester zur Personifizierung der Kirche aufbauen. Papst Paul VI. hat dies in seiner Enzyklika *Sacerdotalis Caelibatus* vom Jahr 1976 so ausgedrückt: »Ergriffen von Christus und zur Ganzhingabe an ihn geführt, wird der Priester Christus auch durch jene Liebe ähnlicher, mit der der Ewige Priester seinen Leib, die Kirche, geliebt und sich ganz für sie hingegeben hat, um sie sich als herrliche, heilige und makellose Braut zu bereiten. Die gottgeweihte Jungfräulichkeit der Priester macht in der Tat die jungfräuliche Liebe Christi zu seiner Kirche und zugleich die übernatürliche Fruchtbarkeit dieses Ehebundes sichtbar, kraft deren die Kinder Gottes ›nicht aus dem Blute und nicht aus dem Wollen des Fleisches‹ geboren sind.« Trotz des hohen Tones dieses Papstwortes klingt es viel nüchterner als die Höhenflüge der mittelalterlichen Kirchenschriftsteller. Sie beschwören Bilder einer **mystischen Vermählung** des Priesters mit der Kirche herauf, die gleichsam mit der Weihe stattfindet. Die Kirche wird als Braut angesehen, der der Priester Treue verspricht, nicht nur im geistigen, sondern auch in einem körperlichen Sinn, der dann durch den Zölibat realisiert wird.

In neueren Verlautbarungen wird der Zölibat als **Charisma** bezeichnet, als Gnadengabe. In den Briefen des Apostels Paulus ist ein Charisma eine Gnadengabe des Heiligen Geistes, also eine Gabe, die von Gott geschenkt wird. Man kann sie sich nicht selbst aneignen. Vor der Priesterweihe kann nach dieser Auffassung also nur geprüft werden, ob der Kandidat diese Gabe hat, er kann sie nicht durch Ausbildung erhalten. Wie kann man sie sicher prüfen? Eigentlich von außen nur sehr schwer, es kann sich nur der Kandidat immer selber prüfen, ob er fähig ist, zölibatär zu leben. Da dieses Charisma mit dem Priesteramt verbunden ist, besteht schon immer die Gefahr der Selbsttäuschung, wenn der Wunsch nach dem Priestertum so stark ist, dass eine vorhandene Sehnsucht nach sexueller Partnerschaft übertönt, verdrängt oder geleugnet wird.

Man spricht auch von der **Zeichenhaftigkeit** des Zölibats. Er sei ein »eschatologisches Zeichen«. Eschatologie ist ein Teilgebiet der Theologie, die Lehre von den letzten Dingen, also vom Jenseits. Damit ist gemeint, der Zölibat weise auf die jenseitige Welt hin, die das Ziel des Lebens eines Christen auf dieser Welt ist, gemäß der berühmten

Katechismus-Antwort auf die Frage »Wozu sind wir auf Erden?«: »Wir sind auf Erden, um Gott zu erkennen und zu lieben, nach seinem Willen das Gute zu tun und einst in den Himmel zu kommen.«

Der Zölibat wird hier als der fleischgewordene Hinweis auf die Jenseitsbestimmung des gläubigen Katholiken interpretiert. Dieser Hinweis betont ausdrücklich, dass es im Jenseits keine Ehe geben wird. Der Zölibatär legt demnach in der gegenwärtigen, diesseitigen Welt Zeugnis ab für diese zukünftige, jenseitige Welt. Zeichen brauchen aber, um richtig gedeutet zu werden, eine gemeinsame Basis von Werten, die allen bei der Deutung gleichermaßen helfen, einen Verstehenshorizont. Ehelosigkeit und Verzicht auf Sexualität ist in unseren Zeiten und Breiten kein Wert mehr. Das mag zu anderen Zeiten noch gegolten haben, als es aus standesmäßigen und wirtschaftlichen Gründen nicht allen Gliedern der Gesellschaft möglich war zu heiraten und es viele oft unfreiwillig Ledige in den prekären Gesellschaftsschichten gab. Eigenartigerweise sagen alle Umfragen unter jungen Leuten, dass trotz der sexuellen Befreiung weiterhin am Idealbild von Ehe und Familie festgehalten wird. Das würde darauf hindeuten, einem Priester, der als Familienvater lebt, eine höhere Glaubwürdigkeit und Überzeugungskraft zuzusprechen als dem zölibatär lebenden.

Als eine weitere Begründung wird die uneingeschränkte **Einsatzfähigkei**t und Verfügbarkeit für den priesterlichen Dienst genannt. Dieses Argument geht schon auf den Apostel Paulus zurück. Ehelose Priester können sich mehr für ihre Gemeinde einsetzen und brauchen bei der Ausübung ihrer Tätigkeit keine Rücksicht auf eine Ehefrau oder eigene Kinder zu nehmen. Außerdem, so die

Befürworter, würde die durch die Ehelosigkeit nicht genuin befriedigte Sexualität sublimiert und in seelsorgliche Energie umgewandelt. Viele andere Berufe verlangen eine ebenso große, wenn nicht größere Einsatzbereitschaft und Mobilität wie der Priesterberuf. Von 1880 bis 1957 mussten in Deutschland verbeamtete Lehrerinnen ehelos bleiben. Im Falle einer Eheschließung waren sie gezwungen, den Dienst zu quittieren. Heute scheint uns dieser Lehrerinnenzölibat grotesk, wenn wir an die vielen verheirateten Frauen und Mütter denken, die das Erscheinungsbild des Lehrerberufes bestimmen. Oder man denke nur an die Heilberufe und ihre hohe zeitliche Beanspruchung in Praxis und Klinik. Kein Mensch käme auf die Idee, von ihnen Verzicht auf Ehe und Familie zu fordern. Ganz im Gegenteil, allenthalben ist heute auch in der freien Wirtschaft von der Vereinbarkeit von Arbeit und Familie die Rede.

Aus dieser Einsatzfähigkeit erschließt sich dann die Forderung nach der **Ganzhingabe** des Priesters. Er gibt sich ganz Gott hin in der konkreten Ausformung der kirchlichen Gemeinschaft, die sich in der Person des Bischofs kristallisiert. Noch einmal die Sicht Papst Pauls VI. in seiner Enzyklika über den Zölibat: »Kann man wohl in einem Leben, das sich … ganz den anderen hingibt, Zeichen von geistiger Enge und Egoismus erblicken, da es doch ein seltenes und überaus bezeichnendes Beispiel eines Lebens ist und sein muss, dessen Triebkraft und Nahrung die Liebe ist, durch die der Mensch seine erhabene Größe offenbar macht?«

Fordert der christliche Glaube von einem Menschen wirklich die Ganzhingabe an Gott? Oder widerspricht sie nicht sogar dem Wort der Heiligen Schrift und damit der Weisung Jesu? Sicher gibt es in den Evangelien die Berufungsberichte, in denen eine sofortige und bedingungslose Nachfolge gefordert wird. Schon in der frühen Kirche wurde diese Forderung aber als an die »entschiedenen Christen« gerichtet gedeutet, die ihr Leben als Eremiten oder Mönche in der Nachfolge Christi gestalteten. Jesus selbst gibt eine Antwort auf die Frage eines Schriftgelehrten, der ihn auf die Probe stellen will, welches das erste und wichtigste Gebot Gottes sei. Diese Antwort negiert die Ausschließlichkeit der Gottesliebe: »Du sollst den Herrn, deinen Gott, lieben mit ganzem Herzen, mit ganzer Seele und mit all deinen Gedanken. Das ist das wichtigste und erste Gebot. Ebenso wichtig ist das zweite: Du sollst deinen Nächsten lieben wie dich selbst. An diesen beiden Geboten hängt das ganze Gesetz samt den Propheten.« Auf den ersten Blick scheint Jesus tatsächlich für Gott das ganze Herz, die ganze Seele und alle Gedanken eines Menschen einzufordern. Er relativiert dies aber sofort mit dem Zusatz: Ebenso wichtig ist das zweite Gebot. Damit sind beide Gebotsteile gleich wichtig und wertig.

Für mich stellt sich das Hauptgebot der Liebe, wie man es nennt, wie ein Dreieck dar. Die drei Ecken symbolisieren Gott, den Nächsten und die eigene Person. Ich muss allen drei Spitzen dieses Beziehungsdreiecks möglichst gleich viel Liebe zuwenden, um mit mir in Balance zu sein. Jesus verlangt also, zumindest nach meiner Interpretation, von keinem Menschen ausschließliche Gottesliebe. Mit dem Schlusssatz, dass an diesen beiden Geboten das ganze Gesetz samt den Propheten hängt, relativiert er sogar alle übrigen Weisungen der Bibel. Nur dieses eine Doppelgebot ist zu halten, dann erübrigen sich sozusagen alle übrigen Weisungen der Thora und deren Interpretationen durch die Propheten. Die Nächstenliebe als wichtiges Kennzeichen des genuin Christlichen soll schon bei den frühen Theologen realisiert werden in der Liebe zwischen den Ehegatten und der Liebe, die man im »keuschen« Gemeinschaftsleben des Klosters füreinander empfinden sollte. Dies ist die alte Sicht auch der antiken Philosophen, die den Menschen als Gemeinschaftswesen konstituiert sahen. Und so kommt es auch in der Schöpfungserzählung der Bibel zum Ausdruck, wenn dort Gott zu sich selbst spricht: »Es ist nicht gut, dass der Mensch alleine sei. Lasst uns ihm eine Gefährtin schaffen.«

Zölibat und Ordensgelübde

Gemeinhin wird der Zölibat von den Ordensgelübden unterschieden. Selbst konservative Theologen stimmen der Ansicht zu, dass der Zölibat eine Einführung der Kirche ist, die sich im Lauf der Geschichte zu der heutigen Form entwickelt hat. Er ist durch Gesetz den unverheirateten Diakonen, allen Priestern und Bischöfen der römisch-katholischen Kirche vorgeschrieben. Der einschlägige Kanon des kirchlichen Gesetzbuches lautet: »Die Kleriker sind gehalten, vollkommene und immerwährende Enthaltsamkeit um des Himmelreiches willen zu wahren; deshalb sind sie zum Zölibat verpflichtet, der eine besondere Gabe Gottes ist, durch welche die geistlichen Amtsträger leichter mit ungeteiltem Herzen Christus anhangen und sich freier dem Dienst an Gott und den Menschen widmen können.« (CIC/1983 c. 277 § 1)

Die Ordensgelübde sind davon zu unterscheiden. Auch sie sind eine Einführung der Kirche, führen sich aber auf die sogenannten evangelischen Räte zurück, die ein Christ, eine Christin freiwillig für die eigene Lebensführung übernimmt. Hier ist die Ehelosigkeit eingebettet in die beiden anderen klassischen Lebensformen der persönlichen Besitzlosigkeit (»Armut«) und des Eingebundenseins in ein gemeinschaftliches Leben (»Gehorsam«).

»Diese Lebensweise in von der zuständigen Autorität der Kirche kanonisch errichteten Instituten des geweihten Lebens übernehmen Gläubige in freier Entscheidung, die nach den eigenen Satzungen der Institute durch Gelübde oder andere heilige Bindungen sich zu den evangelischen Räten der Keuschheit, der Armut und des Gehorsams bekennen und durch die Liebe, zu der diese Räte sie hinführen, sich in besonderer Weise mit der Kirche und deren Heilswerk verbinden.« (CIC/1983 c. 573 § 2)

Eine solche Unterscheidung zwischen dem Zölibat und dem Gelübde der Keuschheit ist aber sehr formalistisch. Für den normalen Katholiken müssen beide, der Weltpriester und der Ordenspriester, ehelos leben, mit dem Unterschied, dass die Letzteren meistens ein Leben in Gemeinschaft führen. Die feierliche Übernahme des Zölibats geschieht für die späteren Priester schon bei der Weihe zum Diakon, der ersten der drei Weihestufen, zu der aber seit dem Zweiten Vatikanischen Konzil auch verheiratete Männer zugelassen werden. Die unverheirateten Kandidaten fragt der Bischof: »Seid ihr bereit, zum Zeichen der Hingabe an Christus, den Herrn, um des Himmelreiches willen ehelos zu leben und für immer eurem Vorsatz treu zu bleiben, in dieser Lebensform Gott und den Menschen zu dienen?« Und die Kandidaten antworten mit der berühmten Formel: »Ich bin bereit.«

Bei der Ordensprofess, der Gelübdeablegung, wird vom Ordensoberen ganz ähnlich gefragt, je nach Ordensgemeinschaft ein bisschen unterschiedlich, aber mit dem gleichen Inhalt: »Bist du bereit, mit der Gnade Gottes für immer ein Leben in eheloser Keuschheit, in Armut und Gehorsam zu führen, wie es Christus, der Herr, und seine jungfräuliche Mutter für sich erwählt haben?«

Der Ordo, so die korrekte lateinische Bezeichnung für das Weiheamt der Kirche, gilt dabei als Sakrament, eine der sieben auf die Einsetzung durch Jesus selbst zurückgeführten Zeichenhandlungen, die das Leben der Christen rituell begleiten: Taufe, Firmung, Eucharistie, Ehe, Weihe, Buße, Krankensalbung. Wobei nur die Taufe und die Eucharistie im Neuen Testament eindeutig von Jesus mit einem Auftrag verbunden sind. Die anderen Sakramente haben sich aus Andeutungen in der Bibel entwickelt und wurden erst im Lauf der Jahrhunderte als solche anerkannt. Daher wurden sie auch von den Reformatoren abgelehnt – die Kirchen der Reformation kennen bis heute nur die beiden Sakramente Taufe und Eucharistie (Abendmahl).

Die Ordensgelübde werden im kirchlichen Sprachgebrauch als »Profess« bezeichnet, und sie haben keinen sakramentalen Status. Profess wird abgeleitet von dem lateinischen Verb *profiteor*, auf Deutsch: freiheraus sagen, bekennen, versprechen.

Im Unterschied der Bezeichnungen – der Ordo, die Weihe, wird gespendet; die Profess wird abgelegt – wird schon etwas deutlich: Die Weihe ist ein Sakrament, das von der Kirche, sozusagen von oben, »erteilt« wird. Das Ordensgelübde, die Profess, kommt von unten, vom Ordensmann bzw. der Ordensfrau, und wird von der Kirche in Gestalt des zuständigen Oberen entgegengenommen. Das weist darauf hin, dass der Ordenschrist in sich eine Berufung zu einem Leben in einer Gemeinschaft verspürt, die vom Ordensinstitut während einer gewissen Probezeit (die üblicherweise Noviziat heißt) geprüft und schließlich bestätigt wird. Der Ordensobere nimmt die Profess entgegen. Der Begriff »Berufung«, lateinisch *vocatio*, meinte ursprünglich eine Berufung durch die Kirche in eines ihrer Dienstämter. Erst durch die Entstehung der eremitischen und klösterlichen Lebensform ist der Begriff Berufung zu einem ganz persönlichen und intimen Vorgang in der Seele des einzelnen Christen geworden, der den Ruf Christi zur Nachfolge in sich hört und verspürt.

In Männerorden bzw. -klöstern gibt es auch oder ausschließlich Priester, die bei uns im deutschen Sprachraum gewöhnlich mit dem Titel Pater angesprochen werden. Diese haben sozusagen eine doppelte Bindung: einmal das freiwillig übernommene Gelübde der sexuellen Enthaltsamkeit und zum anderen die Verpflichtung zum Zölibat. Tritt ein Ordenspriester mit kirchlicher Genehmigung (Dispens) aus seiner Gemeinschaft aus, bleibt er dennoch weiterhin zum Zölibat verpflichtet, es sei denn, er beantragt die Laisierung, die Versetzung in den Laienstand. Nicht priesterliche Ordensmitglieder – dazu zählen auch alle Ordensfrauen – werden durch Dispens von ihren Gelübden befreit. Sie können danach beispielsweise ohne Weiteres kirchlich heiraten.

So weit die geschichtliche Entwicklung und die kirchenrechtliche Sicht. Die allmähliche Entwicklung der Zölibatsforderung geht einher mit dem Entstehen des Mönchtums und Ordenslebens. Sie wurde auch durch die zunehmende »Vermönchlichung« des Priesterbildes im Mittelalter befördert. Es waren ehemalige Mönche auf dem Stuhl Petri, die ihr Lebensideal als beispielhaft für die ganze Kirche durchsetzen wollten. Im 10. und 11. Jahrhundert entstanden die Orden der Regularkleriker. Das waren Seelsorgspriester, die in Gemeinschaft leben wollten und sollten. Das Ideal der *Vita communis*, des gemeinsamen Lebens, wurde damit aus der Idee der Klöster auf die Priesterschaft übertragen.

Das hat sicher auch mit der Erfahrung zu tun, dass Ehelosigkeit sinnvoll nur in einer Gemeinschaft gelebt werden kann und dass es der beiden anderen Komponenten bedarf, des gemeinsamen Besitzes (»Armut«) und der Ausrichtung auf ein gemeinsames Ziel (»Gehorsam«), dem sich der Einzelne unterordnet.

In den Ohren der Moderne wirken die Begriffe Armut, Gehorsam und Keuschheit etwas antiquiert und altbacken, vor allem deshalb, weil sie durch den Gebrauch und die Überstrapazierung gerade im kirchlichen Bereich meist mit negativen Gefühlen behaftet sind. Und es stimmt: Für sich genommen sind sie heute keine positiven Werte mehr. Gehorsam wird spätestens seit der Jugendrevolte 1968 nur noch beim Militär und in der Hundeerziehung verwendet. Eltern, aber auch Führungskräfte der Wirtschaft werden kaum noch blinden Gehorsam einfordern. Armut ist ein negativer Wert, den keiner freiwillig für erstrebenswert hält. Das Wort »Keuschheit« oder gar »Jungfräulichkeit« klingt angesichts der sexuellen Revolution oft einfach verstaubt, wenn nicht lächerlich. Dies ist sicher auch ein Grund für den Nachwuchsmangel der Ordensgemeinschaften in unserer westlichen Welt. Und doch sind diese Werte kostbar: wenn sie von den Einzelnen in einer vom Geist Jesu geprägten Gemeinschaft gelebt werden.

Der Vertreter der politischen Theologie Johann Baptist Metz hat 1977 einen immer noch lesenswerten Essay mit dem Titel »Zeit der Orden? Zur Mystik und Politik der Nachfolge« veröffentlicht. Darin betont er den prophetischen Charakter des Ordenslebens in der Kirche, das sich eigentlich quer zur verfassten Kirche (einem besseren Synonym für das Wort »Amtskirche«) entwickelt hat. Die prophetische Tradition der Bibel war immer ein kritisches Korrektiv zum politischen und gesellschaftlichen Mainstream des Volkes Israel. Das ist übrigens ein Merkmal der Bibel, dass sie die Kritik an sich selbst in ihren Bestand aufgenommen hat. Daher auch der häufig vermerkte innere Widerspruch, der viele gläubige Leser irritiert, aber auch zu der einmaligen Wissenschaft der Bibelexegese geführt hat. Prophetentum ist oft Opposition und damit hochpolitisch. Diese Funktion haben im Christentum das Mönchtum und das Ordenswesen übernommen und weitergeführt, indem sie immer wieder auf die Ursprünge des Christentums, nämlich den Geist Jesu, wie er sich in den Evangelien niedergeschlagen hat, verweisen. Ein Ordenstheologe unserer Zeit drückt das folgendermaßen aus: Die Kirche ist eine statische Institution, das Ordenswesen eine lebendige Bewegung.

Nicht nur zurück soll der Blick gehen, sondern auch nach vorne, zur sogenannten Naherwartung. Die ersten christlichen Gemeinden wurden davon geprägt, dass sie die Widerkunft Christi bald, noch zu Lebzeiten ihrer Mitglieder, erwarteten. Aus diesem Grund, so schreibt der Apostel Paulus sinngemäß, rentiere es sich nicht mehr, eine Ehe einzugehen und eine Familie zu gründen. Auch wenn diese Naherwartung nicht erfüllt worden sei, so Metz, sei es bleibende Aufgabe des Christentums, auf die Vorläufigkeit dieses Lebens immer wieder zu verweisen. Gegen die Komfortzone eines Lebens im Mainstream brauche es den Stachel des Ordenslebens, wenn ihn die Großkirche nicht mehr deutlich genug zum Ausdruck bringe. Die evangelischen Räte, wie sie in den Ordensgelübden zum Ausdruck kommen, bilden ein ständiges Mahnmal im Leib der Kirche. Und sie sind sinnvoll auch nur in ihrer Dreizahl zu leben.

Im Umkehrschluss bedeutet dies, dass Ehelosigkeit, persönliche Besitzlosigkeit und Eingebundensein in eine Gemeinschaft nur im Paket zu haben sind. Sie sind die ureigenen Gnadengaben der Ordensleute, die sie zeichenhaft in der Kirche hochhalten sollen. Gerade die Ehelosigkeit, die in Gemeinschaft mit anderen gelebt wird, ist dann ein Charisma des Ordenslebens, das sozusagen vom Weltklerus, den Priestern, die nicht zu einem Ordensverband gehören, usurpiert wurde. Ordensleute müssten für dieses ihnen eigene Charisma, die Ehelosigkeit, und damit für eine Aufhebung der Zölibatsverpflichtung der Weltpriester kämpfen. Lassen wir J. B. Metz selbst zu Wort kommen:

> Wenn der evangelische Rat zur Ehelosigkeit etwas mit der Hoffnungsexistenz der Naherwartung zu tun hat: Müssen dann die Orden diesen evangelischen Rat nicht entschiedener für sich reklamieren? Müssen sie dann dieses Charisma nicht – erneuert und radikalisiert – für sich einklagen? Müssen sie nicht in der kirchlichen Institutionalisierung der Ehelosigkeit für alle Priester eher eine gewisse Verdunkelung ihrer »spezifischen« und unersetzbaren Sendung sehen? Müssen also vielleicht die kritischen Anfragen an den priesterlichen Pflichtzölibat nicht eher von den Orden als von sog. liberalen kirchlichen und außerkirchlichen Kritikern vorgetragen werden? Könnte eine solche von den Orden selbst eingebrachte Fragestellung das ebenso bedrängende wie affektiv überbesetzte Thema des Pflichtzölibats nicht von allerlei falschen Alternativen und Unterstellungen befreien?

Mir sind kaum Ordensleute bekannt geworden, die dieser Aufforderung in der von J. B. Metz geforderten Entschiedenheit gegen den Pflichtzölibat gefolgt sind. Die Aufmüpfigkeit der 68er-Jahre, die sogar in der Kirche kleine Pflänzchen hervorgebracht hatte, ist auch in den Orden einer lähmenden Mangelverwaltung gewichen. Aufbrüche werden nicht mehr gewagt, man sitzt wie das Kaninchen vor der Schlange und betrachtet das eigene Schrumpfen und Vergehen. Wichtig ist – vor allem in den massiv schwindenden aktiven Frauenorden – das Weitergeben der eigenen Einrichtungen in Form von Stiftungen, die offenbar als überlebensfähiger angesehen werden als die eigenen Ordensgemeinschaften. Auch dazu hat Metz schon 1977 einen Rat bereit: »Es müsste in den Orden so etwas wie eine *ars moriendi* (Kunst des Sterbens) geben, und dies nicht etwa als Ausdruck der Resignation …, sondern als lebendiges Zeichen des Geistes.« Dabei meint er nicht nur das Aussterben ganzer Ordensgemeinschaften, sondern auch das Abschiednehmen von »toten Lebensgewohnheiten, sinnentleerten Bräuchen, erkalteten Regeln«. Diese Kunst des Sterbens könnte Element einer Kunst des Lebens sein, die Freiheit und Gelassenheit erzeugt, schon deshalb, weil »durch sie überhaupt erst das Neue, die Krise Wendende in den Blick kommt, falls es sich noch einmal zeigt«. Vielleicht hätte ja die Aufgabe des Pflichtzölibats eine heilende Wirkung auf die Situation der Orden, die sich ihres ureigenen Charismas der Ehelosigkeit bewusst würden und es als attraktives Element bei der Werbung um Nachwuchs einsetzen könnten.

Aber nicht nur die dem Zölibat der Weltpriester entsprechende Enthaltsamkeit der Ordensleute ist meines Erachtens eine Ursache für den zahlenmäßigen Rückgang bei den Orden. Neben dem Rückgang der kirchengebundenen Gläubigkeit ist es auch die lebenslange Bindung durch die Gelübde, die heute junge Menschen abschreckt. Sicher, es gibt die Möglichkeit, mit der Genehmigung der jeweiligen übergeordneten kirchlichen Instanz von den Gelübden dispensiert, also befreit zu werden. Die Kirche nimmt diese Binde- und Lösegewalt, wie sie im Evangelium durch Jesus an Petrus übertragen wurde, für sich in Anspruch. Aber die Dispens ist mit erheblichen Nachteilen verbunden. Bis vor einigen Jahren galt sie durchaus auch als Schande für denjenigen, der aus dem Orden auszutreten gewillt ist. Ich kann aus meiner eigenen Erfahrung berichten: Wenn man auch nach dreißig Jahren austritt, hat man keinen Anspruch auf die im weltlichen Bereich üblich gewordenen Abfindungen. Man mag im Orden noch so wichtige Aufgaben wie Finanzvorstand eines klösterlichen Unternehmens oder Schuldirektor ausgeübt haben, ob man ein Übergangsgeld erhält, hängt von der Großzügigkeit des jeweiligen Ordensoberen und seiner Gremien ab. Nach deutschem staatlichem Recht muss der Orden wenigstens die Altersversorgung sicherstellen, d. h. oft beim Austritt nachzahlen – aber zum niedrigsten Tarif. Die Kirche sieht den Austritt als Fahnenflucht an. Daher diskriminiert sie die Austrittswilligen. Um dem entgegenzuwirken, gibt es zwei Vorschläge für eine Reform des Ordensrechts. Einmal: die Profess als Vertrag aufzufassen, in dem die Gelübde mit eingeschlossen sind, aber auch die Konditionen bei einem Austritt von vorneherein festgelegt sind. Theologisch ist das gar nicht so abwegig. Auch die Ehe wird ja als Bund angesehen, der durch die gegenseitige Konsenserklärung zustande kommt. Die Ehe ist nach katholischer Auslegung der Jesusworte im Evangelium unauflösbar. Das Ordensgelübde hingegen schon, da es als Einführung der Kirche und nicht als von Jesus selbst gestiftetes Sakrament angesehen wird. Daher kann ein solcher Vertrag auch »gekündigt« werden. Oder, und das wäre der zweite Vorschlag, der Professvertrag muss nicht für »ewig« (das kann ja nur lebenslang bedeuten) gelten. Diese Idee stammt von katholischen Bischöfen aus Asien und wurde bei der Bischofssynode zum Ordensleben im Jahr 1994 in mehreren Wortmeldungen vorgetragen, fand aber keinen Eingang in das offizielle Schlussdokument. In einigen Ländern mit buddhistischer oder hinduistischer Bevölkerung ist es üblich, dass die jungen Menschen, ähnlich unserem sozialen Jahr, ein Jahr in einem Kloster als Mönch oder Nonne verbringen. Dort lernen sie ein Leben in persönlicher Besitzlosigkeit, Einordnung in die Gemeinschaft und sexueller Enthaltsamkeit kennen und praktizieren die klösterlichen Rituale, vor allem die von uns als fernöstlich bezeichneten Meditationsformen. Die meisten kehren in das »weltliche« Leben zurück, etliche bleiben, nachdem sie es kennengelernt und für sich als passend erfahren haben, im Kloster für längere Zeit oder ihr ganzes Leben. Kloster ist dort eine Art Lernort für die eigene Religion, Tradition und Kultur. Die im christlichen Ordensleben verbindliche Entscheidung für ein lebenslanges Verweilen im Ordensstand ist wahrscheinlich der schwerwiegendste Grund für die nachlassende Begeisterung für diese Lebensform. Im Leben der Menschen wird heute eher erfahren, dass Beruf und Wohnort nicht mehr ein Leben lang bei der ersten Entscheidung verharren. Bindungen und Beziehungen dauern nicht mehr lebenslang. Das gilt auch für die Ehe. Fast 50 Prozent der Ehen werden geschieden. Man mag das vor allem kirchlicherseits bedauern. Aber die Wirklichkeit hat auch hier die Priorität vor der Idee. Ein Beispiel aus dem Ordensleben mag dies verdeutlichen. Bis zur Zeit des Zweiten Vatikanischen Konzils wurden die Äbte bei den Benediktinern auf Lebenszeit gewählt. Man schied normalerweise nur beim Tod aus diesem Amt aus. Mit der Erneuerung des Ordenswesens im Zuge des Konzils führten die Mönchsorden die Altersbegrenzung für Äbte ein. So war es bei den bayerischen Benediktinern das 70. Lebensjahr, mit dessen Vollendung Äbte ihren Rücktritt, ähnlich wie die Bischöfe mit 75, anbieten mussten. Inzwischen ist es üblich geworden, die Äbte für einen Zeitraum von zwölf Jahren zu wählen, wobei Wiederwahl zulässig ist. Äbte auf Zeit – noch vor fünfzig Jahren wäre das unvorstellbar gewesen. Wenn auch die Werte Mobilität, Flexibilität und Agilität in der Wirtschaft oft überstrapaziert werden und dort häufig zum Nachlassen der Mitarbeiterzufriedenheit führen, bestimmen sie doch grundsätzlich unsere moderne Welt, und wir müssen erst lernen, damit menschengemäß umzugehen. Es wird auch den Orden, wenn sie der Stachel im Fleisch der Kirche bleiben wollen, nichts anderes übrig bleiben, als diese Werte in ihre Spiritualität zu übernehmen und das »Floaten« der Ordenszugehörigkeit zu akzeptieren. Damit würde ein Austritt den Beigeschmack der Fahnenflucht verlieren. Und gleichzeitig steigt die Chance, dass junge Menschen nicht mehr vor einer lebenslangen Bindung zurückschrecken.

Nackt vor dem Freund und nackt vor Gott

Pater Markus ist der Obere eines großen katholischen Männerordens. Dass er schwul ist, hat er bereits als Novize erkannt. Dass er auf Zärtlichkeit und Sexualität nicht verzichten kann, hat ihm viele Jahre schwere Gewissensbisse bereitet. Jeden Sex hat er sofort gebeichtet. Heute lebt er die Beziehung zu seinem Freund in tiefer Vertrautheit und sieht auch in seiner Homosexualität das Wirken und den Plan Gottes – obwohl seine Kirche »homosexuelle Handlungen« generell als »ungeordnet« wertet und schwule Männer als Priester nach ihren Regeln gar nicht zulassen dürfte.

An der Klosterpforte

Das Kloster liegt an einer stark befahrenen Straße in einer größeren deutschen Stadt. Genauer können wir hier nicht werden, denn das Gespräch, das wir mit Pater Markus vereinbart haben, findet statt im *forum internum*, wie die Kirche das nennt, im vertraulichen Raum. Deshalb trägt Pater Markus in diesem Bericht einen geänderten Namen, und auch manche Details, die auf ihn schließen lassen könnten, sind abgeändert. Nicht aber seine Geschichte: Pater Markus ist schwul und hat schon sein ganzes Ordensleben lang immer wieder Sex mit Männern. Noch nie hat er – außer mit nahen Freunden – darüber gesprochen. Deshalb die Vertraulichkeit, um die er für dieses Gespräch gebeten hat, denn als Oberer seines Ordens hat er einiges zu verlieren.

Der Pförtner blickt durch die Klappe, die er nur kurz aufzieht und gleich wieder schließt. Wenig später öffnet er die Tür, die vom Eingangsbereich ins Klosterinnere führt. Es geht einmal nach links in ein Besprechungszimmer. »Pater Markus kommt gleich«, sagt er und verschwindet. Im Raum befinden sich ein kleiner runder Tisch in der Mitte und an jeder Seite drei Stühle. Im Schriftenständer stecken Broschüren des Ordens. Dass das Gespräch überhaupt zustande gekommen ist, liegt an einem gemeinsamen Freund, der bei Pater Markus mehrere gute Worte eingelegt hat, bis dieser einwilligte. »Aber bitte nicht am Telefon; man weiß nie, wer in einer Telefonanlage mithören kann«, hat er gesagt.

Es erscheint ein großer, stattlicher Mann. Als er sich setzt und mit etwas Small Talk beginnt, merkt man, dass er sich noch nicht ganz sicher ist, wie tief gehend er dieses Gespräch führen soll. So zitiert der Doktor der Theologie als Erstes ein Buch: John Boswells *Geschichte der Homosexualität*. Ob dieses Werk seine eigene Geschichte erklären kann?

In einen Mit-Novizen verliebt

Diese beginnt im Grunde mit dem Eintritt ins Noviziat seines Ordens; er ist damals Anfang zwanzig. »Den Zölibat schaffe ich ohne Probleme«, ist er sich da noch sicher – allerdings denkt er nur an Mädchen, zu denen er bisher keine besondere Neigung empfunden hat. Pater Markus stammt aus einer sehr katholischen Familie mit starkem Zusammenhalt – doch was das Thema Sexualität angeht, auch mit einigen Tabus. Bis heute wissen seine Geschwister, mit denen er einen engen Kontakt pflegt, nichts von seiner Homosexualität, und auch er selbst hat bis zu seinem Ordenseintritt kein einziges Mal darüber nachgedacht. »Dass ich schwul bin, habe ich im Grunde erst gemerkt«, sagt er im Rückblick, »als ich mich in einen jungen Mitbruder verliebt habe, der gemeinsam mit mir im Noviziat war.« Peter sieht sehr gut aus, ist ein eher dunkler Typ – genau derjenige, den Pater Markus, wie er später erkennen wird, attraktiv findet. Er fühlt sich von Peters Intellekt ebenso wie von seiner Männlichkeit angezogen, aber es dauert ein wenig, bis er realisiert, dass er sich verliebt hat.

Schwere Verirrung

Zu dieser Zeit ist praktizierte Homosexualität von der katholischen Kirche noch vollkommen stigmatisiert. Sie gilt als schwere Sünde. 1975, als sich das gesellschaftliche Klima in den westlichen Ländern längst ändert und schwuler Sex unter erwachsenen Männern in Deutschland seit zwei Jahren straffrei ist, schreibt die Heilige Kongregation für die Glaubenslehre in einer »Erklärung zu einigen Fragen der Sexualethik«:

> Im Gegensatz zur beständigen Lehre des kirchlichen Lehramtes und des sittlichen Empfindens des christlichen Volkes haben heute einige unter Berufung auf Beobachtungen psychologischer Natur damit begonnen, die homosexuellen Beziehungen gewisser Leute mit Nachsicht zu beurteilen, ja sie

> sogar völlig zu entschuldigen. ... Nach der objektiven sittlichen Ordnung sind die homosexuellen Beziehungen Handlungen, die ihrer wesentlichen und unerlässlichen Regelung beraubt sind. Sie werden in der Heiligen Schrift als schwere Verirrungen verurteilt und als die traurige Folge einer Zurückweisung Gottes dargestellt. Dieses Urteil der Heiligen Schrift erlaubt zwar nicht den Schluss, dass alle jene, die an dieser Anomalie leiden, persönlich dafür verantwortlich sind, bezeugt aber, dass die homosexuellen Handlungen in sich nicht in Ordnung sind und keinesfalls in irgendeiner Weise gutgeheißen werden können.

An dieser Einschätzung hat sich – wenn auch inzwischen im Wortlaut milder formuliert – aufseiten der kirchlichen Moraltheologie im Grunde bis heute nichts geändert.

Vertrautheit und Eifersucht

Die beiden jungen Männer finden rasch einen Draht zueinander – auch wenn Peter auf Frauen steht. Sie merken aber in ähnlicher Weise, wie stark ihre Sexualität wirkt, obwohl sie doch die ewige Enthaltsamkeit geloben sollen. Das macht sie zu Vertrauten. »Dass ich mich mit Peter zu einem so frühen Zeitpunkt bereits so intensiv über mein Schwulsein austauschen konnte, war ein Geschenk für mich und hat mir sehr in der weiteren Entwicklung geholfen«, sagt Pater Markus heute. Freilich bleibt ihm auch Eifersucht nicht erspart, denn Peter hat in den gemeinsamen Jahren immer wieder Affären mit Frauen. Pater Markus schmunzelt, als er sich an den Besuch einer Gruppe von Französinnen erinnert. Damals allerdings ist er todunglücklich.

Doch das gefährdet ihre intensive Beziehung nicht, die freilich dort endet, wo Markus gerne anfangen würde: Peter anzumachen, anzufassen, zu lieben, ganz zu haben. Peter merkt das natürlich. »Aber er hat das ausgehalten, er war nie verächtlich oder abwertend mir gegenüber, und vor allem: Er hat mich nicht hingehängt. Andernfalls hätte es sehr rasch zu Ende sein können mit meiner Ordenslaufbahn«, sagt Pater Markus. Die beiden unternehmen fast alle Freizeitaktivitäten gemeinsam, fahren zusammen in den Urlaub und verbringen Teile ihres Studiums gleichzeitig in Rom. Als sie sich am Ende ihres Noviziats voneinander verabschieden und im Orden Aufgaben an weit entfernten Orten übernehmen, fällt das Markus sehr schwer. Liebeskummer.

Gerettet hat ihn in dieser Zeit seine Promotion, die ihn für zwei Jahre fast vollkommen einnimmt. Es handelt sich um eine sehr anspruchsvolle theologische Arbeit, mit der er wissenschaftliches Neuland betritt. Sie verschafft ihm erst einmal Abstand und lenkt ihn ab vom offenen Thema seiner Homosexualität. Doch dauerhaft kann er ihm natürlich nicht ausweichen: Gerade in den ersten Jahren als geweihter Priester und Mönch, der seine Gelübde abgelegt hat, verliebt er sich häufig in Männer – und er gibt diesen starken Gefühlen auch immer wieder nach, manchmal nicht wissend, ob der andere auch schwul ist oder heterosexuell. Giovanni, ein Seminarist, antwortet ihm, als ihm Markus seine Zuneigung gesteht: »Na und, das ist doch völlig okay.« Viele Jahre später wird Pater Markus bei Giovannis Hochzeit konzelebrieren. Er ist Giovanni bis heute dankbar dafür, dass er ihn so unbefangen angenommen und akzeptiert hat.

Schwere Gewissensbisse

Markus selbst freilich akzeptiert seine Homosexualität noch überhaupt nicht. Er beginnt zwar, sie zu leben – aber stets voller Komplexe und unter schweren Gewissenskonflikten, denn er weiß genau, was seine Kirche davon hält. Sex mit Männern kann er, seiner Sozialisation und Ausbildung folgend, lange nicht anders als sündhaft einordnen. »Ich bin jedes Mal gleich danach beichten gegangen. Auch das war damals manchmal eine ziemliche Herausforderung.« Ein Beichtvater in Rom, dem er sagt, dass er was mit einem Mann gehabt habe, redet ewig auf ihn ein, um ihn zu belehren, zu bekehren gar, bis Pater Markus fragt: »Geben Sie mir nun die Absolution oder nicht?« Da murmelt der andere dann doch endlich: »Ego te absolvo a peccatis tuis.« *So spreche ich dich los von deinen Sünden im Namen des Vaters und des Sohnes und des Heiligen Geistes.* Als Buße muss Markus den ganzen Rosenkranz beten. Als er mit fünfunddreißig zum ersten Mal eine Schwulensauna besucht, beichtet er das ebenfalls sofort. »Der Priester hat damals gar nichts gesagt«, erinnert er sich. »Das war ziemlich klug.«

Je öfter er freilich schwulen Sex beichtet, desto mehr beginnt er, an diesem Vorgang zu zweifeln. »Ich kann ja nur beichten, was ich bereue und was ich in guter Absicht nicht wiederholen will. Das traf aber bei mir gar nicht zu. Ich bemühte mich zwar anfangs, Sex so gut es ging zu vermeiden, aber mit den Jahren wurde mir immer stärker bewusst, wie sehr ich körperliche Nähe und Zärtlichkeit brauche. Ich habe das dann irgendwann auch ziemlich bewusst gesucht.« Im Orden beten die Mönche jeden Abend zwar um die Einhaltung der Keuschheit, doch schon jede

Selbstbefriedigung widerlegt – scheinbar – die Wirksamkeit dieses Gebets. »Ich habe schnell gemerkt, dass das Verlangen, je mehr man es vermeiden oder umgehen will, desto drängender wird.« Pater Markus ist in dieser Zeit innerlich vollkommen zerrissen: Was wirkt da in mir? Der Teufel? Meine Unzulänglichkeit? Oder ist das am Ende doch eine biologische Funktion, die, wie alle anderen auch, auf Gott zurückzuführen sein muss, wenn wir Gottes Geschöpf sind?

Fernbeziehung über ein Jahr

Prägend wird für ihn die Begegnung mit einem sehr frommen Professor für Literatur, einem Laien, der offen schwul lebt und ihm von Anfang an klarmacht: Lebe das ohne Schuld. »Das hat mich damals sehr beeindruckt, das hat etwas gemacht mit mir, weil es ein völlig neuer Blickwinkel für mich war. Leider habe ich mich Hals über Kopf in ihn verliebt, was uns beiden dann doch rasch zu viel wurde.« Pater Markus versucht im Folgenden, seine Gefühle ein wenig im Zaum zu halten. »Ich bin jemand, der sich anderen ganz hingibt; schnellen Sex allein kann ich nicht. Wenn ich mit jemandem im Bett war, hat mich das oft seelisch total durcheinandergebracht.« Allerdings hält er seinen Vorsatz nicht durchgehend. Mit Tim aus Amerika führt er über ein Jahr lang eine Fernbeziehung, in einer Mischung aus Verliebtheit und Skrupeln. »Ich habe oft nächtelang wach gelegen und mich in Vorwürfen gewälzt. Ich wusste aber auch nicht, was ich ändern könnte.«

Kirche überbetont die Sexualität

Gleichzeitig schreitet seine Karriere im Orden voran. In all den Jahren hat Pater Markus sechs längere Beziehungen und eine Reihe kürzerer Affären. Mit einigen wenigen seiner Mitbrüder, sowohl mit homo- als auch mit heterosexuellen, kann Pater Markus über seine Schuldgefühle sprechen. Mit dem Ausbilder eines großen süddeutschen Klosters führt er über eine längere Zeit hinweg intensive Gespräche und erfährt dabei, was diesem die Frauen bedeuten, die seine gesamte Ordenskarriere begleiten. Als Pater Markus seine Homosexualität gesteht, erhebt sich der andere Ordensmann und umarmt ihn. »An dieses Gefühl erinnere ich mich bis heute. Es war zum ersten Mal, dass ich mich im kirchlichen Kontext mit meiner gesamten Identität wertgeschätzt fühlte. Körperkontakt kann ohne Worte unglaublich viel bewegen.«

Durch den Austausch mit anderen und die Erfahrungen, die sie mit dem Thema Sexualität haben, relativieren sich für Pater Markus Stück für Stück die Maßstäbe. »Das ging natürlich nicht von heute auf morgen, aber mir wurde mehr und mehr klar, dass Sex nicht das Schlimmste und nicht das Wichtigste im Leben ist, auch nicht in einem Ordensleben. Die Kirche überbetont dieses Thema vollkommen und schafft damit eine sehr ungute Situation für alle.« Großen Eindruck macht auf ihn der mittelalterliche Mönch Aelred von Rievaulx aus dem Zisterzienserorden mit seinem Buch über die geistliche Freundschaft, das Pater Markus in einer schönen zweisprachigen Ausgabe besitzt. Die Beschäftigung mit ihm und auch die vertiefte Beschäftigung mit Heiligen seines Ordens tragen dazu bei, dass sich der Pater trotz der offiziellen Ächtung durch die

Kirche mit seiner Homosexualität versöhnt. Für ihn ist es eine Art Coming-out als spiritueller Weg. »Die Bibelstellen, die immer wieder dagegen ins Feld geführt werden, stimmen alle nicht. In den Evangelien taucht das Thema nicht auch, von Jesus gibt es, anders als zum Ehebruch, kein überliefertes Wort dazu. Es kann ihm also schlicht nicht so wichtig gewesen sein. Wieso ist es dann der Kirche so wichtig?«

Mit der Zeit schwimmt Pater Markus sich auf diese Weise frei vom Katechismus und der aus seiner Sicht verschrobenen Sexualmoral seiner Kirche. Er beginnt, nach seinem eigenen Gewissen Verantwortung für seine Sexualität zu übernehmen und sie nicht länger nur nach formalen Regeln zu betrachten.

Der nackte Adam

Zur Hilfe wird ihm in dieser Zeit ein Kunstwerk, das Pater Markus immer wieder betrachtet, Michelangelos berühmter Adam in der Sixtinischen Kapelle: ein großer Mann mit langen Haaren und jungenhaftem Gesicht, lässig an einem Berg liegend, splitternackt. An dem kräftigen Körper zeichnen sich sehnig sämtliche Muskeln ab, ein Bein hat er aufgestellt, das andere ausgestreckt, nichts verdeckt den Schambereich dazwischen. Für Pater Markus ist neben der erotischen Pose das Faszinierende, ja gerade Revolutionäre daran: Gott streckt sich von einer Wolke herab ausgerechnet diesem Jüngling entgegen, blickt ihm in die Augen, sein Zeigefinger wird den des jungen Mannes in wenigen Augenblicken zärtlich berühren.

»Gott blickt auf diesem Bild mit erkennbarem Stolz auf seine Kreatur, und zu der gehören ganz offensichtlich auch Körper und Sexualität«, sagt Pater Markus. »Ich war schon fast dreißig, als mir das schlagartig bewusst wurde: Gott sucht den Menschen! Er sucht jeden Menschen, er schaut ihn an und nimmt ihn an, genau so, wie er ist. Je länger ich über dieses Bild meditiert habe, desto freier wurde ich von meinen Schuldgefühlen und meiner Angst. Man muss sich nur die Gesichter von Adam und Gott ansehen. Da ist Vertrauen und Zutrauen, von Gottes Seite Wohlwollen. Ihm gefällt der nackte Adam.«

Gottes Plan?

Mithilfe dieses Gottesbildes gelingt es Pater Markus endlich, mit seiner Homosexualität entspannter und bewusster umzugehen. Er fragt sich nicht mehr, ob sie sein darf, weil er jetzt weiß, dass sie von Gott kommt. Und weil er erlebt hat, dass ihn Sexualität zu einer tieferen Gottesbeziehung führt. Inzwischen ist er sich sogar sicher, dass seine Homosexualität zum Plan Gottes mit ihm gehört: Zum einen, weil er, wenn er auf Frauen stünde, vielleicht nicht ins Kloster eingetreten wäre. »Zum anderen, weil mir der Sex mit Männern Erfahrungen geschenkt hat, die meinen Glauben vertieft haben. Intim miteinander sein kann man nur, wenn man sich vollkommen entblößt und nackt macht. Nichts verdeckt beim Liebespaar Makel oder Unansehnlichkeiten. Nichts davon stört die Liebe. Übertragen ist das im Grunde der Blick Gottes auf uns. Nur wenn wir uns ihm gegenüber seelisch vollkommen nackt machen können, werden wir für ihn ansehnlich. Ich habe mit dieser Vorstellung eine tiefere Gottesbeziehung gewonnen«, sagt der Pater.

Ihm sei heute klar, dass er nicht dem Ideal entspreche,

das er selbst versprochen habe, aber das sei für ihn nicht länger eine Tragödie. »Es verhält sich aber auch mit anderen Idealen nicht so, wie ich es gern hätte. Sexuelle Enthaltsamkeit ist ganz sicher ein Wert und sie durchhalten zu können eine Gnade Gottes. Sie ist aber im Vergleich zu anderen christlichen Werten und vor allem zu einer tiefen Gottesbeziehung wirklich nicht so wichtig«, sagt er. Natürlich ist er für die Freigabe des Zölibats für Diözesanpriester, einfach weil der Mensch dieser Idealform so selten entspreche. Und natürlich fragt er sich auch, ob Priester nur wegen Schwierigkeiten mit dem Zölibat ihr Amt aufgeben müssen.

Mit seinem Beichtvater spricht Pater Markus offen über seine Sexualität, »obwohl ich heute relativ enthaltsam lebe, zwei- oder dreimal Sex im Jahr, vielleicht mangels Gelegenheit, aber auch, weil meine Gottesbeziehung existenzieller geworden ist.« Formal beichtet er das aber nicht mehr. Wichtiger, als nach einem formalen Katalog zu beichten, sei ihm heute die tägliche Gottesbeziehung in Meditation und Gebet: dass er sich Tag für Tag und Moment für Moment bewusst mache, was Gottes Wunsch in der jeweiligen Situation sei. Heute beichte er deshalb, um die Begegnung mit Jesus zu haben, der ihn immer wieder in diesem Sakrament annimmt – weniger deshalb, weil er mit seinem Freund geschlafen habe.

Sein Freund übernachtet im Kloster

Christopher, der Freund von Pater Markus, stammt aus Kanada und ist zwanzig Jahre jünger als er. Die beiden haben sich im Internet auf einer Kontaktplattform kennengelernt und auch schon Fotos ausgetauscht, bevor Markus in einer Ordensangelegenheit in Christophers Heimatland reiste und die Chance nutzte, ihn endlich zu treffen.

Bei Freunden von Christopher bekommen sie ein Zimmer. Auf der Treppe nach oben gibt Christopher Markus einen Klaps auf den Po – ein kleines, aber wichtiges Zeichen, dass er mit ihm schlafen möchte. »Damit war sehr rasch der Damm gebrochen, zumal Christopher in Natur noch viel besser aussah als auf dem Foto«, sagt Pater Markus.

Seit fünfzehn Jahren sind die beiden nun ein Paar. Sie sehen sich etwa drei- bis viermal im Jahr, tauschen sich aber oft aus. Wenn Christopher in Deutschland ist, schläft er selbstverständlich in Markus' Kloster in einem Gästezimmer, wie das die Freunde und Verwandten der anderen Mitbrüder auch tun. »Da fragt niemand nach, ich habe ohnehin viele Bekannte, die immer wieder bei uns übernachten«, sagt Markus. Allerdings wagt er es nicht, im Hause von Familienangehörigen mit seinem Freund das Schlafzimmer zu teilen. Einmal im Jahr fahren die beiden nach Möglichkeit in den Urlaub, und inzwischen teilt Christopher auch Markus' Leidenschaft für FKK-Strände, die ihm zunächst vollkommen fremd war.

Die Beziehung erfüllt den Ordensmann heute in jeder Hinsicht, sexuell, emotional und intellektuell. »Anders als die anderen Beziehungen ist diese voll und reif. Wir teilen alle wesentlichen Themen und haben inzwischen eine sehr tiefe Vertrauensbasis.« Hat er also jemals an einen Austritt aus dem Orden gedacht, um ganz und gar mit dem Freund zusammenleben zu können? Pater Markus zögert ein wenig mit der Antwort. »Würden wir das überhaupt wollen?«, fragt er sich. »Wenn, dann habe ich davon geträumt, auch früher schon mal, als ich verliebt war. Aber ich bin so sozialisiert, dass ich Dinge, die ich begonnen habe, nicht einfach so aufgebe. Das Kriterium dafür wäre, dass es eine bessere Perspektive geben müsste. Die sehe ich hier aber nicht, ich kann meine Berufung zum Ordensmann und meine Beziehung zu Christopher gut leben, und ich glaube, das passt auch für ihn.«

Stillschweigen unter den Mitbrüdern

Nennt man das nun Scheinheiligkeit oder Lebensweisheit? Jedenfalls pflegt der Ordensobere diese pragmatische Haltung auch im Umgang mit anderen Mitbrüdern: »Ich weiß zwar von keinem, dass er eine Beziehung hat, egal ob zu einem Mann oder einer Frau, ich kann es mir aber bei einigen vorstellen. Doch das ist mir nicht wichtig – wichtig ist, dass er eine gute Gottesbeziehung hat und ein guter Mitbruder ist. Mit dem Gelübde und dem Zölibat muss jeder seinen eigenen, persönlichen Weg gehen.«

Andererseits leidet auch Pater Markus daran, dass es im Orden nur wenige gibt, mit denen er über dieses wichtige Thema sprechen kann. »Im Grunde müssten wir uns in der Kommunität über so was austauschen, das wäre für alle sehr hilfreich, aber das ist vollkommen undenkbar.« Als er in Rom studierte, gab es einen monatlichen Kreis von schwulen Priestern, an dem Pater Markus regelmäßig teilnahm. Einige der Anwesenden haben erst dort zum ersten Mal mit jemandem über ihre Homosexualität sprechen können. Auch in einigen Diözesen Deutschlands gab oder gibt es solche informellen Gruppen, einige von ihnen sogar unterstützt durch den Bischof. Pater Markus kennt ein Mitglied eines anderen Ordens, der von dessen General als Seelsorger für schwule Mitbrüder eingesetzt ist.

»So etwas bräuchten wir überall, aber das ist weitgehend immer noch ein großes Tabu«, sagt er, sicher einer der angesehensten Patres seines Ordens. Doch auch er will sich nicht den Mund verbrennen oder angreifbar machen. »Das Thema sollen Jüngere auf die Agenda bringen.«

Schwule Beziehungen segnen?

In der Gesamtkirche haben freilich auch Jüngere das Thema bisher nicht wesentlich vorangebracht. Der Katechismus hat sich seit damals zwar in der Wortwahl, nicht aber in der Grundaussage verändert. In der letzten Ausgabe, verfasst von Josef Ratzinger, heißt es:

> Gestützt auf die Heilige Schrift, die (Homosexualität) als schlimme Abirrung bezeichnet, hat die kirchliche Überlieferung stets erklärt, dass die homosexuellen Handlungen in sich nicht in Ordnung sind. Sie verstoßen gegen das natürliche Gesetz, denn die Weitergabe des Lebens bleibt beim Geschlechtsakt ausgeschlossen. Sie entspringen nicht einer wahren affektiven und geschlechtlichen Ergänzungsbedürftigkeit. Sie sind in keinem Fall zu billigen. Eine nicht geringe Anzahl von Männern und Frauen haben tiefsitzende homosexuelle Tendenzen. Diese Neigung, die objektiv ungeordnet ist, stellt für die meisten von ihnen eine Prüfung dar. … Homosexuelle Menschen sind zur Keuschheit gerufen. Durch die Tugend der Selbstbeherrschung, die zur inneren Freiheit erziehen soll, können und sollen sie sich … durch das Gebet und die sakramentale Gnade Schritt um Schritt aber entschieden der christlichen Vollkommenheit annähern.

Dazu kann Pater Markus heute nur mehr mit den Schultern zucken. Nur manchmal regt er sich noch auf, etwa wenn erzkonservative Bischöfe wieder schwulenfeindliche Aussagen treffen, wie zuletzt der frühere Salzburger Weihbischof Andreas Laun, der Anfang 2018 die vom Münchner Kardinal Reinhard Marx ins Spiel gebrachte Segnung homosexueller Paare abgelehnt hat mit dem Argument, man könne schließlich auch kein Bordell, kein KZ oder Waffen segnen. Dies alles sei, wie homosexuelle Beziehungen, die Sünde selbst. Diese Äußerung hat Pater Markus wütend gemacht: »Wer so redet, ist entweder ein Idiot oder selbst schwul, verdrängt wahrscheinlich, und daher so aggressiv.«

Junge Mitbrüder heute

Es ist nicht lange her, dass ein junger Mann zu Pater Markus kommt, der sich für einen Eintritt in den Orden interessiert. Es ist keiner dieser jungen Konservativen, die derzeit Orden wie die Legionäre Christi stürmen und die Pater Markus so misstrauisch machen. »Es ist vollkommen offensichtlich, dass sehr viele von denen sexuell total verklemmt sind. Man muss sich fragen, wieso gerade diese erzkonservativen Orden einen so starken Zulauf sehr junger Männer haben. Ich sehe dafür auch Motive in ihrer Sexualität. Die tun so heilig, aber im Grunde ist das eine Blase, die noch einmal platzen wird; dass Obere das nicht sehen oder nicht sehen wollen, halte ich für verantwortungslos.«

Der junge Mann, der um einen Termin bei Pater Markus gebeten hat, sagt ihm im *forum internum*, dass er schwul ist und auch schon Sex mit Männern hatte. Demnach dürfte ihn der Obere eigentlich nicht mehr aufnehmen; so lauten die Regeln, die Papst Benedikt noch erlassen hat. Heterosexueller Verkehr hingegen wäre kein Problem. »Diese Regel ist sehr ungerecht, und sie entbehrt jeglicher Kenntnis des heutigen Wissensstands über menschliche Sexualität.«

Dem jungen Mann, der sich dafür interessiert, in Pater Markus' Orden einzutreten, sagt der Obere: »Du weißt, was der Zölibat bedeutet, und du musst damit umgehen. Schau selbst, ob du das leben kannst und willst. Und sei dir bewusst, dass du einen Weg dafür finden musst, der für dich, andere Menschen und für deine Gottesbeziehung stimmig ist.« Der Rest, macht Pater Markus dem jungen Mann deutlich, interessiere ihn nicht. Was aber wäre, wenn er einen Mitbruder in flagranti erwischte? »Dann müsste ich reagieren, dann würde ich das natürlich ansprechen und fragen: Wie stellst du dir das künftig vor, wie siehst du deinen Weg? Ich kann natürlich keinen Skandal zulassen, aber mir ist es in so einem Fall schon wichtig, dass ich einen inneren Weg anrege, anstatt zu sanktionieren.« Außerdem gebe es zum Glück in seinem Orden keine Schnüffler und keine versteckten Zuträger.

Vor gar nicht langer Zeit sitzt ein junger Mann bei Pater Markus im Beichtstuhl. Es ist ein Déjà-vu-Erlebnis aus lange vergangener Zeit. Er habe eigentlich kaum etwas zu beichten, aber er sei schwul und lebe mit einem Mann zusammen, sagt der junge Mann. Pater Markus zuckt in diesem Moment zusammen und sieht vieles aus seinem eigenen Leben mit einem Mal auftauchen. Dann sagt er: »Schauen Sie, dass Sie treu sind und eine gute Beziehung führen.«

Der junge Mann ist überrascht: »Das hat noch niemand gesagt.«

»Der liebe Gott wird sich schon etwas dabei gedacht haben.« Als er das erzählt, lächelt Pater Markus und hebt die Schultern: Was hätte ich denn sonst sagen sollen?

Dann verabschiedet er sich mit einem sehr kräftigen Handschlag. Und der Autor steht nach wenigen Metern und dem Zuschlagen der schweren Tür wieder draußen am Rande der stark befahrenen Straße. In jener anderen Welt, in der es Gay-Pride-Paraden gibt, schwule Alpenvereinssektionen und die Ehe für alle.

Die *viri probati*

Seit dem Zweiten Vatikanischen Konzil taucht im Zusammenhang mit den Zulassungsbedingungen zum Priesteramt in der römisch-katholischen Kirche immer wieder der Begriff der *viri probati* auf. Wörtlich aus der alten Kirchensprache, dem Latein, übersetzt heißt das: »erprobte, bewährte Männer«. In der Vorbereitungsphase des Konzils hatten einige südamerikanische Bischöfe, denen der Priestermangel schon immer auf den Nägeln brannte, die Weihe von *viri probati* ins Spiel gebracht. In dem relevanten Konzilstext über die Kirche heißt es sinngemäß: »Die Apostel bestellten Helfer und gaben dann die Anordnung, dass nach ihrem Hinscheiden andere bewährte Männer ihr Dienstamt übernähmen.« Das Konzil zitiert hier einen der ersten Kirchenväter, den römischen Bischof Clemens I. Er hat seinen berühmten Brief an die Korinther um 95 n. Chr. geschrieben. Gemeint sind an dieser Stelle des Konzilsdokumentes mit den *viri probati* die Kandidaten für das Dienstamt, das sich im Lauf der Zeit zum dreifach aufgegliederten Weiheamt in der Kirche ausgebildet hat: Bischof, Priester und Diakone. Das Diakonat war in der westlichen Kirche als eigenständige Weihestufe verschwunden und wurde zu einer bloßen Durchgangsstufe auf dem Weg zum Priestertum. Schon vor dem Zweiten Vaticanum gab es Bestrebungen, das Diakonat wiederzubeleben. Das ist dann auf dem Konzil schon im Hinblick auf den sich abzeichnenden Priestermangel geschehen. Auch um den Zölibat für Priester und Bischöfe zu retten, öffnete man den Diakonsdienst für verheiratete »bewährte« Männer.

Die *viri probati* wurden seither zu einem immer wiederkehrenden Modell eines neuen Zugangs zu Dienst und Weihe in der Kirche. Was versteht man in der gegenwärtigen Diskussion unter einem »bewährten Mann« als möglichem Priesterkandidaten? Die beste Antwort hat schon 1970 der damalige Theologieprofessor Joseph Ratzinger gegeben: Die Kirche von morgen »wird auch gewisse neue Formen des Amtes kennen und bewährte Christen, die im Beruf stehen, zu Priestern weihen. In vielen kleineren Gemeinden bzw. in zusammengehörigen sozialen Gruppen wird die normale Seelsorge auf diese Weise erfüllt werden. Daneben wird der hauptamtliche Priester wie bisher unentbehrlich sein.« Worin besteht nun diese »Bewährung«? Ratzinger nennt eigenartigerweise den Beruf an erster Stelle. Das weist darauf hin, dass es nicht um eine andere Art von hauptamtlichem Dienst in der Kirche geht. Der *vir probatus*-Priester geht einem normalen Beruf in der Welt nach und verdient dort sein Geld. Der priesterliche Dienst geschieht nach dieser Interpretation nebenberuflich und ehrenamtlich.

Als ein zweites Kriterium der Bewährung wird z. B. von Kardinal Franz König, dem früheren Erzbischof von Wien, die Familie angeführt. Heute, einige Jahrzehnte später, ist in den modernen Gesellschaften die klassische Familie, also die lebenslange Ehe zwischen Mann und Frau mit mindestens einem Kind, nicht mehr die einzig akzeptierte Form des Familienbildes. Darauf wird man im Konzept der *viri probati* wohl in irgendeiner Form Rücksicht nehmen müssen.

Ein schönes Idealmodell wird schon in einer späten Schrift des neuen Testaments entworfen, dem ersten Timotheusbrief. Der Verfasser dieses Briefes, wohl nicht der Apostel Paulus selbst, gibt Richtlinien für die Organisation und Leitung der christlichen Gemeinden, die Paulus gegründet hat. Zu Beginn des 3. Kapitels heißt es: »Es ist ein wahres Wort: Wenn jemand die Leitung einer Gemeinde erstrebt, dann sucht er eine große und schöne Aufgabe. Ein Gemeindeleiter soll ein Mann sein, an dem es nichts auszusetzen gibt. Er darf nur einmal verheiratet sein. Er muss nüchtern, besonnen und charakterfest sein. Er muss gastfreundlich und ein guter Lehrer sein. Er soll kein Trinker oder gewalttätiger Mensch sein, sondern ein freundlicher und friedliebender Mann. Er darf auch nicht an Geld hängen. Er muss die Pflichten eines Familienoberhaupts vorbildlich erfüllen und Kinder haben, die ihn achten und ihm gehorchen. Denn wenn jemand seine eigene Familie nicht zu leiten versteht, wie kann er dann die Sorge für die Gemeinde Gottes übernehmen? Er darf nicht erst vor Kurzem Christ geworden sein; sonst wird er stolz, und der Teufel bringt ihn so weit, dass Gott ihn verurteilen muss. Auch außerhalb der Gemeinde muss er in gutem Ruf stehen; es darf nichts Belastendes gegen ihn vorgebracht werden können. Sonst kann ihm der Teufel daraus einen Strick drehen.« (Übersetzung: *Die Gute Nachricht*). Liest man diese Stelle im Blick auf die jahrhundertealte Zölibatspraxis der lateinischen Kirche, drängt sich geradezu der Eindruck auf, dass die Autoren des Neuen Testaments keineswegs das zölibatäre Leben als Modell für Gemeindeleiter im Kopf hatten.

Als drittes Kriterium der Bewährung wird die Kirchlichkeit eines *vir probatus* angeführt. Es sollte selbstverständlich sein, dass er spirituell in der Kirche verankert ist, aktiv am Leben der Gemeinde teilnimmt und der Sonntagsgottesdienst zu seinem Lebensrhythmus gehört. Nur ein Christ, der seinen Glauben im Alltag lebt, kann zu dem hier gemeinten Dienst berufen werden. Damit erhebt sich natürlich auch die Frage der Ausbildung. Ein humanistisches Abitur samt Kenntnis der alten Sprachen und ein fünfjähriges Theologiestudium wie bei hauptamtlichen Priestern wird kaum möglich sein. Aber eine Form der berufsbegleitenden Befähigung wird installiert werden müssen, um den hohen Anforderungen einer Gemeindeleitung gerecht zu werden. Modelle dazu gibt es schon, nämlich in der Ausbildung der nebenberuflichen Diakone. Diese erfolgt berufsbegleitend und dauert in der Regel vier Jahre.

Seit dem Zweiten Vatikanischen Konzil haben viele Synoden auf diesen Weg der Priesterberufung hingewiesen, so auch die gemeinsame Synode der Bistümer in der Bundesrepublik Deutschland in den Siebzigerjahren. Sie hat ausdrücklich anerkannt, »dass außerordentliche pastorale Notsituationen die Weihe von in Ehe und Beruf bewährten Männern erfordern können«. Es handelt sich aber wohlgemerkt immer um Notlösungen, die eingefordert werden angesichts des Priestermangels, der sich in den letzten Jahren massiv verschärft hat. Da war Joseph Ratzinger in den Siebzigern schon weiter: Für ihn war es ein normaler Weg zum Priestertum neben dem hauptamtlichen priesterlichen Gemeindeleiter. Für den Verfasser des Timotheusbriefes und einige Jahrzehnte später Papst Clemens war die Bewährung als Ehemann und Familienvater sogar, wie wir gesehen haben, eine Forderung an alle, die ein Leitungsamt in der Kirche anstreben.

Der gegenwärtige Papst Franziskus steht für ein weniger zentralistisches Bild der katholischen Kirche als seine Vorgänger. Er ermuntert in seinen Reden immer wieder dazu, mutige Vorschläge für regionale Lösungen zu machen. Die Deutsche Bischofskonferenz hat mit der Möglichkeit der Zulassung wiederverheirateter Geschiedener zur Kommunion einen sehr vorsichtigen und zurückhaltenden Schritt in diese Richtung gemacht. Ein ähnlicher Schritt wird in letzter Zeit vermehrt im Zusammenhang mit den *viri probati* vorgeschlagen bzw. eingefordert. Sogar eher als konservativ eingeschätzte Theologieprofessoren äußern sich in diesem Sinne. (Helmut Hoping und Philipp Müller: »Viri probati zur Priesterweihe zulassen«, in: *Herder Korrespondenz* 3/2017, S. 13 ff.) Allerdings auch hier in einer sehr regressiven Art und Weise. Als Mindestalter geben sie fünfzig Jahre an, da die Kindererziehung abgeschlossen sein sollte. Und eine altkirchliche Forderung, die in der Ostkirche noch lebendig ist und dort übrigens immer wieder für Probleme sorgt, wirkt unverständlich und unbarmherzig: »Nach dem Tod der Ehefrau sollte der Priester zum zölibatären Leben verpflichtet sein.« (Hoping/Müller, S. 18) Die Absicht der Theologen kommt deutlich zum Ausdruck: Es geht ihnen mit ihrem Vorschlag eigentlich nur um eine Notlösung, die den grundsätzlichen Wert des Zölibats nicht infrage stellen soll. »Unser Vorschlag will den Zölibat angesichts des Priestermangels vielmehr bewahren.«

Eine bemerkenswerte Stellungnahme zum Thema kam Anfang des Jahres 2018 von »offiziöser« Seite aus dem Vatikan. Der Präfekt der Kleruskongregation, Kardinal Beniamino Stella, hat sich in einem Interviewbuch zur Weihe der *viri probati* geäußert. Bemerkenswert ist dies deshalb, weil die Kleruskongregation für die Förderung der Spiritualität wie auch für die zeitgemäße intellektuelle und pastorale Aus- und Fortbildung von Priestern und Diakonen zuständig ist. Wenn ihr oberster Chef die Zulassung verheirateter bewährter Männer zur Priesterweihe anregt, ist das mehr als nur die Privatmeinung irgendeines Kurienmitarbeiters. In dem Band *Tutti uomini di Francesco*, in dem u. a. alle Männer, die Papst Franziskus bisher zu Kardinälen ernannt hat, vorgestellt werden, empfiehlt er, die Weihe von *viri probati* in weiten Teilen der katholischen Kirche angesichts des »sakramentalen Notstands« in einigen Gebieten der Erde »offen und ohne Engstirnigkeit« näher in Betracht zu ziehen. Vorsichtig und ein wenig zaudernd befürwortet er die Weihe vor allem für ältere verheiratete Männer. Auch wenn der Kardinal nicht die Forderung vertritt, den Zölibat grundsätzlich abzuschaffen, erinnert er doch daran, dass Papst Franziskus immer wieder die Ortskirchen dazu ermuntert hat, über eine etwaige Änderung der Zulassungsbedingungen zum priesterlichen Dienst nachzudenken. Es sei auch an der Zeit, über den Einsatz von »Teilzeitpriestern« nachzudenken, die einem »zivilen« Beruf nachgehen und sonntags der Eucharistie vorstehen.

Es ist sehr verwunderlich, dass diese Aufforderung vonseiten des Papstes und »seiner Männer« so wenig Resonanz findet bei den Bischöfen unserer mitteleuropäischen Ortskirchen, die allesamt unter dem von Kardinal Stella so bezeichneten »sakramentalen Notstand« leiden. Phantasie und Mut seien gefordert, so der Papst, um die Kirche auf dem Weg ins 21. Jahrhundert fit zu machen. Dazu gehört für eine weltumspannende Organisation wie die katholische Kirche auch die Einsicht, dass es nicht überall die gleichen Formen und Strukturen geben muss, die zu Beginn des Christentums im Nahen Osten entwickelt, im Römischen Reich geformt, im Mittelalter gefestigt und in der Gegenreformation festgeschrieben wurden. Zur Dezentralisation ermuntert der Papst, ausgerechnet der Funktionsträger der Kirche, der zum Symbol des kirchlichen Zentralismus der vergangenen Jahrhunderte geworden ist. Wann wird der erste Bischof aus unserer Region den Mut und die Kraft aufbringen, aus Sorge um die Gläubigen seines Bistums den ersten verheirateten *vir probatus* zum Priester zu weihen?

Dies scheitert wohl an der Sozialisation im kirchlichen Dienst. Darin unterscheidet sich unser kirchenleitendes Personal nur wenig von den Managern der Wirtschaft. Nur wer sich ein Leben lang systemkonform verhalten hat, macht Karriere. Und diese Haltung verfestigt sich, je weiter man nach oben kommt. Dass dabei oft die Bodenhaftung auf der Strecke bleibt, ist evident.

Die Kirche ist aus mir ausgetreten

Christian Ritterbach war mit sechsunddreißig Jahren einer der jüngsten Pfarrer im Bistum Paderborn – und einer der beliebtesten. Seine Amtsenthebung als Pfarrer von Detmold war nach dem Kirchenrecht unvermeidlich, weil er nicht mehr zölibatär leben wollte und seine Freundin schwanger war. Sie lässt aber eine entsetzte und frustrierte Gemeinde zurück, der Schaden ist bereits nach kurzer Zeit spürbar.

Aufgewühlt am Mikrofon

Als das Buffet schon eröffnet ist, tritt Elke Trappmann ans Rednerpult und zieht zwei sorgsam gefaltete Blatt Papier aus ihrer Tasche. Sie ist aufgeregt und aufgewühlt. Als sie ansetzt zu sprechen, zittert ihre Stimme. Aber sie ist sich ihrer Sache sicher, sie hat sich diese Rede lange überlegt. So beginnt sie:

> Lieber Herr Ritterbach, liebe Heilig Kreuzler, liebe Gäste aus allen Gemeinden, die zu unserem Pastoralverbund Lippe-Detmold gehören, es brennt in mir, heute hier das Wort zu ergreifen, denn seitdem Pfarrer Ritterbach kein Pfarrer mehr ist, bin ich in einer Not, über die ich reden muss.

Es ist jetzt vollkommen still in dem Pfarrsaal, in dem sich mehr als zweihundert Menschen eingefunden haben. Viele dürften ähnlich empfinden wie die Rednerin. Erst wenige Tage ist es her, dass die Nachricht von der Amtsenthebung ihres Pfarrers durch den Paderborner Bischof wie ein Lauffeuer durch Detmold und Lemgo gegangen ist. Die beiden Gemeinden in Ostwestfalen sind erst vor wenigen Jahren eher unfreiwillig zu einem neuen Pastoralverbund zusammengeschlossen worden – mit Pfarrer Christian Ritterbach als der anerkannten, geschätzten und unentbehrlichen Integrationsfigur. Viele Menschen sind entsetzt, traurig, voller Angst. Elke Trappmann hat die Nachricht von ihrem Mann erfahren. »Ich habe mir sofort gedacht: jetzt wird vieles zusammenbrechen«, sagt sie rückblickend auf diese Tage im Juli 2017.

Das kann Gott nicht wollen!

Nach einer kurzen Pause setzt Trappmann erneut an. Sie hat keine offizielle Funktion mehr in der Gemeinde, aber viele der Anwesenden kennen sie, denn seit Langem engagiert sie sich in unterschiedlichen Aufgaben: Sie hat im Familiengottesdienst-Team mitgearbeitet, in der Kommunionvorbereitung geholfen, und am Heiligen Abend inszenierte sie schon viele Jahre das Krippenspiel. Trappmann ist es wichtig, den Kindern und den Familien, die selten bis nie in die Kirche kommen, an diesem besonderen Abend den Kern des Christentums zu verdeutlichen: das neugeborene Kind als Zeichen von Gottes Liebe zum Menschen. Diese Liebe, findet sie, sei doch das Fundament des Zusammenlebens in der Familie und der Gesellschaft, auch in der Kirche.

Und nun ist die nahende Geburt eines Kindes, erwachsen aus der Liebe zweier Menschen, der Grund, der unseren Pfarrer zu einer Entscheidung zwischen seiner Profession und einer eigenen Familie gezwungen hat. Er muss seinen Beruf, um nicht zu sagen seine Berufung, und sein bisheriges berufliches Leben hinter sich lassen, um das Glück von Liebe und Familie erfahren zu können. Das kann nicht sein. Und das kann der Gott, der seinen Sohn in die Welt geschickt hat, um Liebe, Nächstenliebe und Toleranz zu lehren, keinesfalls wollen. Da bin ich mir ganz sicher.

Rettung einer Seele

»Christian Ritterbach hat sich gegen das Zölibat entschieden und tritt aus dem kirchlichen Dienst aus«, hat die *Detmolder Zeitung* getitelt. Und weiter: »Allein ist er offenbar schon längere Zeit nicht mehr. In den nächsten Wochen werden er und seine Partnerin sogar zu dritt sein, denn beide sind in froher Erwartung ihres ersten Kindes.« Inzwischen sind Christian Ritterbach und Ulrike Levri zu dritt, im Oktober 2017 wurde ihre Tochter Isa geboren. Die beiden wirken gelöst und zutiefst glücklich, auch wenn Christians berufliche Zukunft noch nicht ganz klar ist. Er macht einen Kurs bei der Deutschen Stiftungsakademie, um künftig als Stiftungsmanager arbeiten zu können. Nach dem Ausscheiden als Pfarrer ist Christian in Ulrikes kleine Altstadtwohnung gezogen, ganz oben unter dem Dach. Noch haben sie nicht alle seine Sachen untergebracht. Mit der Familiengründung findet für ihn ein viele lange Jahre währender innerer Kampf ein Ende, der ihn fast zermürbt hätte. »Der Schritt raus aus dem Priesteramt war zwingend notwendig«, sagt der Achtundvierzigjährige rückblickend, »sonst hätte meine Seele Schaden genommen.«

Die Rettung seiner Seele beginnt drei Jahre vorher, im Jahr 2014, mit einem gelben Notizzettel, den die Pfarrsekretärin auf Ritterbachs Schreibtisch geklebt hat: Rückruf, Ulrike Levri, Telefonnummer, Stichwort: Kirchenasyl. Der Pfarrer ruft am nächsten Morgen zurück und spricht mit einer engagierten jungen Frau: Es gehe um einen jungen Flüchtling aus dem Sudan, Emmanuel, der abgeschoben werden solle. Sie habe gehört, dass der katholische Pfarrer von Detmold ein großes Netzwerk habe. Ob er sich nicht für Emmanuel einsetzen könne? Sie selbst sei zwar evangelisch, Emmanuel aber katholisch. Vielleicht sei sogar Kirchenasyl in diesem Fall denkbar? Mit diesem Begriff bezeichnet man es, wenn Gemeinden Menschen ohne legalen Aufenthaltsstatus bei sich aufnehmen – und wenn die Behörden diesen Rechtsbruch in der Regel akzeptieren und keine Zwangsmaßnahmen anwenden, aus Respekt vor den christlichen Kirchen. Es ist die Zeit vor der großen Flüchtlingswelle im Jahr 2015, doch dass das Thema auf Deutschland und Europa zukommen wird, ist Ritterbach längst klar. Er würde seine Gemeinden gern dafür sensibilisieren. Jenseits aller politischen Erwägungen gibt es für ihn als Christ nur eine Haltung: Barmherzigkeit und Nächstenliebe. Er denkt sich: »Da klopft einer an deine Kirchentür und braucht Hilfe.« Darauf könnte er in Form des Kirchenasyls eine ganz konkrete und praktische Antwort der Nächstenliebe geben. Die Idee gefällt Ritterbach immer mehr.

Ihm gefällt aber auch die selbstbewusste junge Frau,

die ihn da so unverblümt angerufen hat und die er nun wiederholt trifft, um das Projekt zu besprechen. Ulrike, Projektleiterin einer Stiftung, begeistert ihn von Anfang an durch ihre Tatkraft, Klarheit und die mitreißende Art, mit der sie sich für ihren Schützling Emmanuel einsetzt. Er merkt rasch: Diese Frau brennt für ihre Sache, aber sie weiß auch genau, was sie will und was sie tut. Dennoch ist es selbst für den Pfarrer nicht einfach, ein Kirchenasyl zu organisieren. Ritterbach spricht zunächst mit dem Bürgermeister, dann mit seinen Gremien. Im Kirchenvorstand sitzen sechzehn Honoratioren der Stadt, darunter ein Amtsrichter und weitere Juristen, die zunächst von dem geplanten Rechtsbruch alles andere als begeistert sind. In der entscheidenden Sitzung tragen Ritterbach und Levri gemeinsam vor und appellieren an das Gewissen der Christen. Außerdem betonen sie, dass es eine weitgehend stille Aktion werden solle, möglichst ohne mediale Aufmerksamkeit. Am Ende stimmt der Kirchenvorstand bei zwei Enthaltungen einstimmig dafür, und Emmanuel zieht schon zwei Wochen später in ein altes Gebäude der Pfarrei am Wallgraben ein.

Plötzlich viel Kontakt

Die Hilfe für den damals Dreißigjährigen Sudanesen führt Christian und Ulrike nun regelmäßig zusammen. Ständig ist etwas zu organisieren, außerdem soll sich Emmanuel nicht nur sicher, sondern auch wohlfühlen. »Wir drei wurden schnell fast so etwas wie eine kleine Familie«, erinnert sich Ritterbach. »Das habe ich als ebenso ungewohnt wie schön empfunden. Ich dachte, vielleicht war das sogar eine Fügung. Schließlich bedeutet Emmanuel ›Gott ist mit uns‹, das Gefühl konnte also nicht falsch sein.« Ritterbach leidet seit Langem an der Distanz, die die Menschen zu ihm als Amtsperson pflegen, genauso wie an der Einsamkeit des Pfarrhauses. Mit Ulrike und ihrem Freundeskreis aus jungen Leuten lebt er auf. »Die sind oft anders als meine Kontakte aus der Kirche: unkompliziert, überhaupt nicht formal, authentisch, ehrlich.« Ritterbach gefällt es, nicht der Herr Pfarrer zu sein, sondern der Christian, und er genießt jede Minute mit dieser so klugen wie herzlichen Frau, die für ihn eine neue Welt auftut. So werden die dienstlichen Treffen zum Kirchenasyl häufiger, und aus den rein dienstlichen werden auch eher private, wobei den beiden das zunächst nicht klar ist. Schließlich geht es stets um ihren Schützling aus dem Sudan.

Die Einsamkeit des Pfarrers

Es dauert nicht lange, bis Christian Ulrike von seinen Gefühlen erzählt. Er erlebt es nicht zum ersten Mal, dass die Nähe zu einer Frau ihn vor die entscheidende Herausforderung seines Priesteramts stellt: Schafft er es auf Dauer, allein zu bleiben, zölibatär zu leben? Will er das überhaupt, oder befindet er sich damit in einer Sackgasse? »Viele Pfarrer leiden unter der menschlichen Einsamkeit, die die Lebensform mit sich bringt«, sagt er. »Und es ist schwer zu ertragen, wenn ein Kollege an dieser Einsamkeit fast zugrunde geht, wenn es zu Depression kommt und viel Alkohol. Ich habe damals bereits gespürt: So willst du nicht enden.« Und spätestens seit Iserlohn ist ihm klar: »Auf Dauer schaffe ich das nicht.«

Zehn Jahre bevor er Ulrike kennenlernt, gerät er als Pfarrer in der Stadt im Märkischen Kreis in eine tiefe Krise, als er sich in eine Frau in der Gemeinde verliebt. »Ich verspürte schon damals die Sehnsucht nach Nähe, nach Zweisamkeit, nach einer eigenen Familie.« Dieses Verhältnis wirft Ritterbach in vielerlei Hinsicht aus der Bahn. Er hat schwere Depressionen, nimmt enorm ab und entschließt sich, für eine Zeit in das Haus Recollectio des unterfränkischen Klosters Münsterschwarzach zu gehen, das Zentrum der katholischen Kirche für Priester mit Burn-out oder Depression. »Früher hatten wir unter Priestern oft gelästert über die, die da hinmüssen«, erinnert er sich. »Priesterwiederaufbereitungsanstalt war ein böser aber oft gebrauchter Begriff. Jetzt war ich selber dort, aber das war sehr gut, denn sonst wäre ich zugrunde gegangen.« Ritterbach erlebt Münsterschwarzach und die Angebote dort als sehr heilsam, er kommt wieder mit sich selbst in Berührung, doch letztendlich ist ihm nach den Wochen am Main klar, dass es im Priesteramt für ihn keine Perspektive gibt.

Neues Leben

Er schiebt diese Entscheidung aber erst einmal weg – und in seiner neuen Stelle ab 2010 als Pfarrer von Detmold gewaltig an. Das Gemeindemitglied Elke Trappmann erinnert sich: »Irgendwie war mir von Anfang an klar, dass der uns geschenkt ist und dass dieses Geschenk nicht ewig bleiben wird.« Ritterbachs Tatkraft fällt genau dorthin, wo sie benötigt wird. Das Bistum hat aufgrund des Priestermangels angeordnet, dass die Pfarrverbände Detmold und Lemgo zu einem sogenannten »pastoralen Raum« zusammengelegt werden – mit einem Durchmesser von achtzig Kilometern. »Ein Irrsinn«, sagt Trappmann, »zum einen wegen der Entfernungen, zum anderen können gerade diese beiden Städte überhaupt nicht miteinander.« Es geht um rund zehntausend Katholiken in Detmold, rund viertausendfünfhundert in Lemgo – und einen Pfarrer, der alles zusammenhalten soll: Christian Ritterbach. »Aber er hat das bravourös gemeistert«, sagt Trappmann. Alle Fortschritte in diesem Prozess hätten an ihm gelegen, an seiner ruhigen, charmanten, moderierenden Art, an seinen Impulsen, an seinem Engagement »Wer immer nach ihm kommt, kann eigentlich nur scheitern«, ist sich Trappmann sicher.

Ritterbach selbst merkt in diesen Jahren wenig von seiner Einsamkeit, einfach weil er keine Zeit dafür hat. Die neue Gemeinde und der Umstrukturierungsprozess nehmen ihn vollkommen in Beschlag. »Bis plötzlich mit Ulrike ein neues Leben dahergekommen ist, und zwar genau das Leben, nach dem ich mich immer gesehnt hatte«, sagt er rückblickend. Und das Gefühl beruht auf Gegenseitigkeit. »Es gab keine lange Phase des Flirtens und Verliebens, der Dates, der vorsichtigen Annäherungen und der Ungewissheit: Wir ahnten sehr früh, dass wir füreinander bestimmt sein könnten, und haben uns schnell füreinander entschieden«, erinnert sich Ulrike. Dazu trägt auch seine Offenheit bei, seine Bereitschaft, über seine Gefühle und auch über die bereits durchlittene Krise zu berichten. Anders als viele Partnerinnen von Priestern erkennt Ulrike rasch eine Perspektive.

Matratze mit 1 Meter 20 für zwei?

Im Sommer 2016 fahren sie gemeinsam in den Urlaub: nach Sardinien, mit einem Wohnmobil. Diese Tage werden zum Beginn ihrer Beziehung. Ulrike erinnert sich: »Spätestens in diesem Urlaub habe ich die große Ernsthaftigkeit von Christian gesehen und war mir sicher: Mit dem geht es, mit dem kann ich ein gemeinsames Leben versuchen.« Christian wiederum sieht jetzt klar die lang ersehnte Perspektive aus dem klerikalen Leben heraus, das er längst schon nicht mehr erträgt. Zurück aus dem Urlaub, empfindet er es als unerträglich, allein im Pfarrhaus den Koffer auszupacken und seine unbändige Freude, seine Liebe mit niemandem teilen zu können. Nur seinen besten Freund weiht er ein. Ansonsten weiß in der kleinen Stadt, in der Ritterbach zu den Honoratioren zählt, noch niemand Bescheid. Der gemeinsame Schützling Emmanuel legitimiert weiter die vielen Treffen und Aktivitäten und wirkt so wie ein Schutzschild für die Beziehung der beiden. Er und ein weiterer Flüchtling wissen offiziell von der Beziehung. Andere in der Stadt ahnen es.

Zu einer Party des Lions Club nimmt Christian Ulrike offiziell als Begleitung mit. »Das war mutig«, sagt er im Rückblick. »Es ging dort auch ums Sehen und Gesehenwerden. Ich wollte aber unbewusst auch zeigen, dass Ulrike zu mir gehört.« Es wird ein sehr heiterer und entspannter Abend. Auch Ulrikes Chef ist da, der von ihrer Beziehung damals – offiziell – noch nichts weiß. Ritterbach legt großen Wert darauf, dass er in den Monaten der verdeckten Beziehung niemanden belogen hat. »Es hat mich einfach niemand gefragt.« Ulrikes Eltern ahnen wohl etwas. Die Mutter fragt, ob denn die Matratzengröße von 1 Meter 20 im Wohnmobil nicht zu klein gewesen sei. Ihre Tochter kommentiert diese Bemerkung nicht. Aber auf Dauer will Ritterbach keine verdeckte Beziehung führen. Er will keinen Skandal, will nicht irgendwann vor den Bischof zitiert werden. Ulrike ist für ihn keine Affäre, er will die Beziehung nicht durch Unklarheit gefährden. Zumal er sieht, dass auch andere Männer die junge Frau umwerben, obwohl sie ihm zusichert, dass er sich keine Sorgen zu machen brauche. Ritterbach entscheidet sich, schnell für klare Verhältnisse zu sorgen, und die beiden beginnen noch im Sommer, konkrete Pläne zu machen. Weihnachten soll Schluss sein.

Schwangerschaft ändert alle Pläne

Doch wie macht man Schluss als Pfarrer? Wie organisiert man diesen Schritt am besten? Ulrike warnt Christian vor übereilten Handlungen. Es sei zu viel damit verbunden, zunächst müssten sie ihre Zukunft planen. Weihnachten verstreicht. Ritterbach quält die Frage, welche Arbeit er als Theologe finden könnte. Womit das Geld verdienen, um seine entstehende Familie ernähren zu können? Er überlegt, evangelischer Pfarrer zu werden. Doch dazu müsste er in eine andere Landeskirche wechseln, so haben es die beiden christlichen Kirchen vereinbart. Die beiden planen, von Detmold wegzugehen, zumal sich Christian nicht vorstellen kann, in dieser Stadt, in der er Pfarrer war, weiterhin zu leben. Doch dann erledigen sich ihre Umzugspläne, Ulrike wird schwanger. Ihr Chef, den sie bereits vor einiger Zeit eingeweiht hat, rät ihr dringend, in Detmold zu bleiben: »Ihr schätzt die Leute falsch ein«, sagt er. »Die werden kein Problem damit haben. Bleibt hier, nutzt das Netzwerk, das Christian hier hat, und baut damit Schritt für Schritt eure Zukunft auf.«

Christian willigt ein: »Lass uns doch zusehen, wie die Leute reagieren. Wenn es okay ist, ist es hier für uns vielleicht wirklich einfacher.«

Spätestens jetzt ist es an der Zeit, auch Christians Familie zu informieren. Ulrike hat ihren Freund ihrer Familie bereits ein paar Monate zuvor beim Geburtstag des Vaters an der Nordsee vorgestellt und sehr viel Zuspruch sowie Unterstützung erfahren. Christian fürchtet die Reaktion seiner Mutter: klassisch katholisch, eher konservativ und vor allem um den gesellschaftlichen Ruf bedacht. Sie war immer so stolz auf ihren Sohn, den Priester.

Der jüngste Priester des Bistums

Mit sechsunddreißig ist er damals der jüngste Pfarrer im Erzbistum Paderborn. Aufgewachsen ist er ganz in der Nähe des Ortes, aus dem Kardinal Reinhard Marx stammt, der Erzbischof von München und Freising und Vorsitzende der Deutschen Bischofskonferenz – der berühmte Sohn Westfalens. Doch auch auf Ritterbach sind die Leute stolz, als er mit neunzehn ins Priesterseminar eintritt. So wie andere Jugendliche mit Che-Guevara-Plaketten oder mit Anti-Atomkraft-Aufklebern herumliefen, trug er als Gymnasiast stets ein dickes Kreuz auf der Brust. Die Menschen seiner Heimat verfolgen Ritterbachs Karriere, lesen die vielen Zeitungsartikel über ihn und hören ihn im Radio. Ritterbach ist im Bistum einer der Priester, die medial am besten rüberkommen.

Nun sitzt er mit seiner Mutter am Küchentisch und setzt an: »Ich muss dir was sagen. Ich höre auf.« Die Mutter zündet sich unvermittelt eine Zigarette an, wie sie es oft macht, wenn sie nervös ist. »Schockiert war sie nicht, aber was sie umtrieb, war die Befürchtung, dass sie sich nun erst mal nicht auf die Straße trauen könnte.« Dann blickt Mutter Ritterbach ihren Sohn an, und er weiß sie sofort wieder in Liebe an seiner Seite: »Was machen wir, wenn es nicht klappt zwischen euch?«

Eine richtige Überraschung ist dann die Reaktion des Vaters: »Wir hatten lange ein eher distanziertes Verhältnis«, erzählt Ritterbach. »Mein Vater war während meiner Kindheit nicht viel da, er war Geschäftsführer einer Firma, und mit meiner Kirchenlaufbahn konnte er auch nicht viel anfangen. Irgendwie hatte ich nie eine besondere Nähe zu ihm.« Das ändert sich jetzt schlagartig. »Das hast du gut gemacht, Christian«, sagt der Vater. »Ich bin stolz auf dich!« Ritterbach ist zuerst irritiert, dann glücklich über die neue Nähe zu seinem Vater, die seine Entscheidung nun schafft, und noch mehr, als er sieht, wie gut sich Ulrike mit seinem Vater versteht. »Ich glaube, meine Offenheit hat alles verwandelt. Ich habe Nähe gezeigt und geschenkt bekommen, das tut mir wahnsinnig gut.«

Der Gang zum Bischof

Bleibt noch der finale Schritt: der Gang zum Bischof. Am Freitag davor informiert Ritterbach einige Freunde. Alle sprechen ihm Mut und Stärkung zu. Am Montag ruft er im Büro des Bischofs an. Dort heißt es, vor Libori, dem berühmten Kirchen- und Volksfest in Paderborn im Juli, sei kein Termin möglich. Ritterbach besteht darauf, dass er den Bischof umgehend sprechen müsse – und wird durchgestellt. Worum es denn gehe, fragt dieser. »Ich kann nicht mehr zölibatär leben«, sagt Ritterbach. Stille am anderen Ende der Leitung. »Dann treffen wir uns morgen um halb zwölf in Paderborn.«

Ritterbach erlebt das Gespräch am nächsten Tag als sehr wertschätzend und »den Bischof persönlich betroffen und traurig«. Dieser erkennt aber, dass sich Ritterbach seinen Schritt gut überlegt hat und keinen Zweifel daran lässt. Dann müsse er ihn unmittelbar suspendieren, sagt der Bischof. Er werde noch drei Monate sein Gehalt erhalten, alles Weitere solle er mit dem Personalchef der Diözese besprechen, der schon draußen wartet. Dabei geht es in erster Linie um den Verzicht auf die beiden Pfarrstellen als juristischen Akt. Beim anschließenden Spaziergang am Dom trifft Ritterbach auf den Generalvikar – eine Art Hauptgeschäftsführer des Bistums. Der hat Tränen in den Augen, als er dem suspendierten Pfarrer die Hand gibt.

Tränen und Erleichterung

Den zweiten Schritt in sein neues Leben macht Christian Ritterbach bei seinen Freunden vom Lions Club. Er bittet sie noch um Verschwiegenheit, denn zunächst kommt der emotional schwierigste Abschied: von seinen pastoralen Mitarbeitern und dann von den beiden Pfarreien. Die meisten sind echt überrascht, offenbar haben Christian und Ulrike ihr Verhältnis in den letzten Monaten doch ganz gut verstecken können.

Die Mitarbeiter reagieren entsetzt, besorgt, traurig. Was soll nun aus den beiden Gemeinden werden? Was werden die Engagierten und die Kirchenbesucher dazu sagen, die mit ihrem Pfarrer in den letzten Jahren durch den schwierigen Prozess der Zusammenlegung gegangen sind? Ritterbach weiß nicht recht, wie er vorgehen soll. Einerseits sollen es die Gemeinden in einem Gottesdienst erfahren, aber er darf keinen mehr abhalten. Außerdem will er Applaus für sich und Ulrike vermeiden, wie er nicht unwahrscheinlich wäre. Er entscheidet sich, einen befreundeten Pfarrer zu bitten, die Messe zu übernehmen und einen Brief von ihm vorzulesen. Die Gremien informiert er offiziell per E-Mail, einige besonders nahestehende Mitglieder persönlich. Womit Ritterbach nicht rechnet, ist die Reaktion der Gemeinde und ihr großes Bedürfnis nach einer Abschiedsfeier. Diesem Wunsch kann er sich nicht entziehen.

Eine Gemeinde in Not

Elke Trappmann ist eines von vielen Gemeindemitgliedern, die zu der Abschiedsfeier kommen. Natürlich freut sie sich über die junge Familie, aber sie ist lange genug in ihrer Pfarrei, um zu ahnen: »Das wird für die Gemeinde ganz schlecht. Pfarrer Ritterbach hat hier alles zusammengehalten, alles angeschoben, die verschiedenen Kräfte immer integriert. Wenn die Kirche so jemanden ziehen lässt, dann ist ihr im Grunde nicht zu helfen.«

So setzt sie vor den zweihundert Besuchern im Pfarrsaal erneut an:

> Ich bin in Not. Ich denke nicht über einen Kirchenaustritt nach, denn diese Kirche ist ein Teil von mir. Aber ich habe das Gefühl, die Kirche ist aus mir ausgetreten. Sie ist nicht die Institution, die Christen unterstützt und leitet. Sie gibt uns nicht Schutz und Halt. Vielmehr kostet sie uns Kraft und bringt uns als praktizierende Christen ein ums andere Mal in Erklärungsnot. Sie scheint sich vom Leben der Menschen abgewendet zu haben und in erster Linie darauf bedacht, Besitzstände und Dogmen zu wahren, anstatt das Bedürfnis der Menschen nach Spiritualität und nach Hilfe bei der Bewältigung des mühseligen Weges zu unterstützen.

Trappmann hat zwei Kinder katholisch erzogen, der Sohn studiert sogar Kirchenmusik. Jetzt ist die Mutter froh, dass er nicht, wie von ihr früher einmal gemutmaßt, Theologie studiert, um Priester zu werden. »Die Kirche ist doch mit ihren Regeln wie dem Zölibat ein Albtraum als Arbeitgeber.« Damit würde Übermenschliches verlangt. »Wenn dann die besten Pfarrer gehen müssen, nur weil sie einen anderen Menschen lieben, ist das ein Irrsinn, das kann Gott nicht wollen!« Trappmann ist auch Monate nach der Suspendierung Ritterbachs noch aufgebracht, enttäuscht – und vor allem tieftraurig. Sie erinnert sich an das Motto einer Kommunionvorbereitung vor einigen Jahren: »Gemeinsam auf dem Weg«. Sie hat ihre Gemeinde auf einem guten Weg gesehen, gemeinsam mit ihrem Pfarrer. Auf einem Weg, der jetzt abrupt endet. In ihrer Rede formuliert sie es so:

> Nun stehen wir an einer Gabelung dieses Weges. Herr Ritterbach musste seine Entscheidung treffen, und ich freue mich für ihn aus tiefstem Herzen. Denn wie sollte eine Entscheidung für die Liebe auch falsch sein? Aber auch ich will nicht mehr schweigend weitergehen und wortlos mit ansehen, wie bitter notwendige Reformen immer wieder in eine ferne Zukunft verschoben werden.

Auch Christian Ritterbach hofft noch auf Reformen – durch Papst Franziskus. In Deutschland sieht er unter den Bischöfen niemanden, der den erforderlichen Mut habe, um verheiratete Männer zum Priesteramt zuzulassen. Er hat sich dennoch nicht laisieren lassen und stünde bereit, denn Seelsorger war und bleibt seine Berufung. Und er sieht den wachsenden pastoralen Notstand in vielen Gemeinden: »Wenn wir am Sonntag nicht mehr überall Eucharistie feiern können, weil wir nicht genügend Priester haben, besteht für die Kirche allergrößte Gefahr.« Zur Messe in Heiligkreuz kann er noch nicht wieder gehen, und auch andere bleiben ihr fern. Der Gottesdienstbesuch ist nach Angaben von Elke Trappmann zurückgegangen. Auch sie selbst geht nur noch ab und an, zu sehr hat sie die Amtsenthebung enttäuscht. »Die Leute sind frustriert, die zusammengelegten Pfarreien klaffen wieder auseinander ohne das starke verbindende Element, das der Pfarrer war.« Man hätte längst neue Strukturen schaffen müssen, die Finanzen zusammenführen, doch das Gegenteil sei geschehen: »Zum ersten Mal konnte letztes Jahr Weihnachten unser Magazin *kreuz & quer* nicht erscheinen.« Trappmann hat sich für ihre Rede dann noch eine Stelle aus dem Römerbrief des Apostels Paulus gesucht:

> »Wandelt euch und erneuert euer Denken, damit ihr prüfen und erkennen könnt, was der Wille Gottes ist.« Zweitausend Jahre sind vergangen, seitdem der Apostel Paulus diesen Satz nach Rom schickte, und es könnte kaum aktueller und besser formuliert sein. ... Es ist schon fast zu spät, aber vielleicht haben wir noch eine Chance, wenn unsere Kirche endlich die Zeichen der Zeit erkennt und ihrer Verantwortung gegenüber uns Christen in den Gemeinden, aber auch den Priestern, die sie zu einer lebenslangen einsamen Pilgerreise verurteilt, gerecht wird. Ich will, ja ich verlange es sogar, dass diese Kirche sich und ihr Denken wandelt, und zwar jetzt. Und ich will keinen neuen Pfarrer. Ich will Pfarrer Ritterbach behalten, mit Frau, mit Kind und mit dem, was ihn für mich so besonders macht: mit seinem Blick auf die christliche Botschaft, die er

für uns auslegt und mit der er uns durch unser Leben und unseren Alltag begleitet.

Elke Trappmann schluckt schwer, als sie vom Pult abtritt. Zuerst empfängt sie nichts als Stille. Dann aufbrandenden lauten und langen Applaus, fast könnte man ihn begeistert nennen – aber das ist dann doch der falsche Begriff.

Zölibat und Homosexualität

Heute geht man davon aus, dass sich der katholische Klerus, was seine Sexualität betrifft, in drei Gruppen aufteilen lässt: Ein Drittel ist heterosexuell aktiv, ein Drittel homosexuell, und das dritte Drittel bemüht sich, die gebotene Enthaltsamkeit zu leben. Dies dürfte eine ziemlich realistische Einschätzung der Situation sein. Für die USA gibt es sogar eine Schätzung, dass zwischen 25 und 50 Prozent der Priesterschaft homosexuell sei. Als Mitte der Neunzigerjahre der Augsburger Pastoraltheologe Hanspeter Heinz in der angesehenen jesuitischen Monatszeitschrift *Stimmen der Zeit* zum ersten Mal dieses Thema offen ansprach und einen eher moderateren Anteil homosexuell veranlagter Männer im katholischen Klerus Deutschlands vermutete, erhob sich ein Sturm der Entrüstung im Priesterrat des Bistums Augsburg, und er wurde vom damaligen Bischof Viktor Josef Dammertz zu einer Relativierung veranlasst. Heutzutage verursacht eine soziologische Erhebung zum Thema »homosexuelle Priester« keine größeren Unruhen mehr.

Die Haltung der Bischöfe und Ordinariate scheint auch in diesem Bereich die übliche zu sein: Was ich nicht weiß, macht mich nicht heiß. Solange keine schwerwiegenden Beschwerden aus der Bevölkerung eingehen, werden alle Augen zugedrückt. Ein Bischof sagte zu einem

Priester, der mit ihm über seine Homosexualität sprechen wollte: »Das interessiert mich nicht. Gehen Sie heim und machen Sie Ihre Arbeit!« Ein Domkapitular antwortete einem Priester, der unfreiwillig in den Medien geoutet worden war: »Was jemand in den eigenen vier Wänden macht, geht uns nichts an.« Diese Äußerungen klingen zunächst menschlich und zugewandt. Für den Einzelnen sind sie sicher auch entlastend. Aber sie weisen auf die Doppelmoral der kirchlichen Obrigkeit. Es wird die Diskrepanz zwischen Lehre und Praxis deutlich. Der einzelne Betroffene ist auf das Wohlwollen des jeweiligen Oberen angewiesen. Es gibt juristisch gesprochen keine »Rechtssicherheit«.

Die Haltung der katholischen Kirche zum Thema Homosexualität ist ziemlich eindeutig. Homosexuelle Handlungen sind wie alle sexuellen Handlungen außerhalb der Ehe Sünde. Auch innerhalb der Ehe muss Sex grundsätzlich für die Zeugung von Nachwuchs offen sein, daher auch das Verbot der künstlichen Empfängnisverhütung. In den letzten Jahren scheint das Thema Homosexualität weltweit zu einem der am meisten diskutierten Felder der Menschenrechtsdiskussion geworden zu sein. Die Forderungen gehen von der bloßen Straffreiheit bei homosexueller Aktivität bis zur Anerkennung einer zivilrechtlichen Ehe zwischen homosexuellen Männern oder Frauen und dem Adoptionsrecht gleichgeschlechtlicher Paare (»Ehe für alle«).

Die Kirche hat wegen der Virulenz dieses Themas in mehreren Schreiben vatikanischer Behörden für sich eine Haltung gefunden, die vereinfacht auf den Nenner zu bringen ist: Liebe den homosexuellen Menschen, toleriere die homosexuelle Veranlagung, verurteile homosexuelle

Handlungen. Und ausgerechnet in diese international aufgeheizte Diskussion kommen immer wieder Meldungen über homosexuelle Priester, ihre Netzwerke und sogar eine »schwule Mafia« innerhalb der priesterlichen Mitarbeiter des Vatikans. Das Priesterseminar der österreichischen Diözese St. Pölten wurde vor einigen Jahren einer apostolischen Visitation unterzogen, als bekannt geworden war, dass dort regelrechte homosexuelle Orgien stattgefunden hatten – mit Billigung oder sogar Beteiligung der leitenden Geistlichen. Der damalige Bischof Kurt Krenn, ein ansonsten strammer Vertreter konservativer Positionen, tat den Skandal als »Bubendummheit« ab. Dies offenbart natürlich eine schwere Diskrepanz zwischen der offiziellen Lehre, der von allen Katholiken eingeforderten Sexualmoral und dem Verhalten vieler seiner Amtsträger. Was nimmt es daher wunder, dass gerade in diesem Bereich der Sexualmoral die Basis der Kirche der offiziell vorgegebenen Linie kaum mehr Folge leistet – auch nicht mehr in traditionell so katholischen Ländern wie Polen oder Irland, wo sogar der Ministerpräsident mit einem Mann verheiratet ist. Der Charakter des Zölibats als eschatologisches Zeichen für das Reich Gottes verliert damit jedenfalls weiter an Glaubwürdigkeit.

Worauf ist der im Vergleich zur Gesamtgesellschaft erhöhte Anteil homosexueller Männer unter den katholischen Priestern und Ordensmännern zurückzuführen? Gehen wir vom bekannten Grundsatz aus: Der Zölibat verpflichtet den römisch-katholischen Priester zur Ehelosigkeit. Das Priesteramt war noch Mitte der Neunzigerjahre ein hoch angesehener Berufsstand, 40 Prozent der Bevölkerung hatten größte Hochachtung vor einem Pfarrer. Heute sind es immerhin noch 29 Prozent, die den geistlichen Beruf für einen der angesehensten halten. Das bedeutet für einen Mann, der nicht heiraten wollte, weil er sich nicht für das andere Geschlecht interessierte, eine sozial anerkannte Möglichkeit, die Ehelosigkeit zu wählen und zu leben. Zudem bildet der Klerus eine verschworene Männergemeinschaft, was aber keineswegs heißt, dass es untereinander zu homosexuellen Handlungen kommen muss. Das Thema Sexualität wird in der berufsständischen Kommunikation eher vermieden.

Dazu kommt sicher eine weitere Form der Anziehungskraft des katholischen Priesterbildes: die Liturgie mit ihren Vollzügen, Prozessionen, Gewändern, Gefäßen und Räumen. Ein homosexueller Freund verwendete einmal ein bezeichnendes Bild: »Wir Schwulen sind alle Elstern.« Er meinte damit: Alles, was glänzt und glitzert, zieht uns an. Man kann dies ja durchaus auf den Paraden zum Christopher Street Day beobachten.

Und schließlich: Homosexuelle Männer gelten als empathischer, einfühlsamer und deshalb achtsamer im Umgang mit ihren Mitmenschen als heterosexuelle. Dies macht sie auch besonders geeignet für helfende und kreative Berufe, in denen diese Eigenschaften besonders gefordert sind: Lehrer, Pfleger, Kindergärtner u. v. a., darunter eben auch Priester. Wenn dazu durch religiöse Sozialisation die Spiritualität (oder wie man früher sagte: die Frömmigkeit) eine persönliche Christusbeziehung und die Freude an der Kirche kommt, drängt sich der Priesterberuf geradezu auf. In der Vorbereitungszeit wird die Frage der sexuellen Orientierung zwar immer wieder auftauchen und das Bedürfnis nach sexuellen Kontakten mehr oder weniger häufig befriedigt werden, aber immer mit der Hoffnung, dass es sich bis zur Weihe und dem damit verbundenen Versprechen der Ehelosigkeit und Enthaltsamkeit schon wieder legen werde.

Der katholische Priester ist zwar nur zur Ehelosigkeit verpflichtet, nicht zur freiwillig gewählten »Jungfräulichkeit« des Ordensmannes, aber für ihn gilt wie für alle Katholiken: Sex außerhalb der Ehe ist Sünde! Diese kann im Sakrament der Versöhnung, wie die Beichte heute genannt wird, vergeben werden. Es bleibt aber das ständige schlechte Gewissen – falls es nicht im Lauf der Jahre immer mehr abstumpft.

Die zunehmende Emanzipation der Homosexuellen in den westlichen Ländern seit den Sechzigerjahren des letzten Jahrhunderts machte auch vor der römisch-katholischen Kirche nicht halt. Immer öfter drangen Berichte über schwule Priester und Ordensmänner in die Öffentlichkeit. Daher sah sich 2005 der Heilige Stuhl veranlasst, eine Instruktion zu veröffentlichen, in der Personen mit »tiefsitzenden homosexuellen Tendenzen« und »Unterstützer einer homosexuellen Kultur« als nicht geeignete Kandidaten für Weiheämter wie Priester oder Diakon angesehen werden. Damit wurde zum ersten Mal in der Geschichte die Frage der sexuellen Orientierung zu einer Kategorie der Zulassung zum Weihesakrament.

Setzt man diese römische Weisung mit den Erhebungen zum Anteil homosexueller Priester in Beziehung, scheint auch sie neben anderen ein möglicher Faktor für den radikalen Rückgang der Neueintritte in den Priesterseminaren zu sein. Die Kandidaten sollen vor der Weihe ausdrücklich nach möglichen »homosexuellen Tendenzen« befragt werden. Betroffene werden dadurch entweder zur Lüge veranlasst oder treten gar nicht erst an. Letzteres mag intendiert sein, wird aber zum Bumerang, da damit ein Viertel bis die Hälfte der »Berufenen« entweder ausfällt oder das Leben als Zölibatärer von Anfang an als ein Doppelleben beginnt. Dass dies für viele sehr belastend werden kann, steht außer Frage. Kompensationshandlungen wie Alkoholismus oder übermäßig ausgelebte promiskuitive Sexualität können wie bei den heterosexuellen Zölibatären langfristig zu physischen und psychischen Krankheitsbildern führen. Dass dies nicht im Sinn der Kirche und ihrer Mitglieder sein kann, steht außer Frage.

Eine neue Einstellung zur Sexualität tut Not

Die römisch-katholische Kirche wird ihre Einstellung zur Sexualität im Allgemeinen und zur Homosexualität im Besonderen einer Revision unterziehen müssen. Der eherne Grundsatz: »Sex ist nur in der Ehe erlaubt und dort nur mit dem grundsätzlichen Zweck, Nachkommen zu zeugen. Alles andere ist schwere Sünde«, ist nicht mehr zu halten. Dieser Grundsatz verursacht bei den Menschen, denen die kirchliche Lehre etwas bedeutet, andauernde Schuldgefühle. Die meisten Katholiken, darunter auch und gerade sehr engagierte, halten sich nicht mehr daran. Wenn Kirche glaubwürdig bleiben will, darf sie nicht weiterhin Forderungen erheben, von denen sie weiß, dass ihr in diesem Bereich die Herde der Gläubigen die Gefolgschaft verweigert. Spätestens seit der Umfrage im Vorfeld der Bischofssynode des Jahres 2015 kann sie nicht mehr die Augen verschließen vor der Realität.

Hilfreich scheint auch hier der auf dem Zweiten Vatikanischen Konzil geprägte Begriff von der »Hierarchie der Wahrheiten« zu sein. Für den Bereich der Sexualität könnte man von einem Stufenmodell sprechen. Für die kirchlichen Wertvorstellungen kann die Ehe zwischen Mann und Frau die wertvollste Weise bleiben, Sexualität zu leben. Damit kann sie auch an dem ihr wichtigen Begriff der Sakramentalität festhalten. Sie müsste nur damit Schluss machen, andere Formen als Sünde zu betrachten. Im Sinne einer »Hierarchie der Werte« können diese anderen Formen sexueller Aktivität als verweisende Vorstufen aufgefasst werden. Dies könnten die verschiedenen Stufen der »sexualmoralischen Hierarchieskala« sein wie Masturbation, Homosexualität, vorehelicher Geschlechtsverkehr u. Ä. Manche Menschen können alle Stufen durchschreiten oder einige überspringen. Manche Menschen bleiben, aus welchem Grund auch immer, auf einer der Stufen stehen. Wenn sie dabei sich und anderen keinen physischen oder psychischen Schaden zufügen (was übrigens auch in der sakramentalen Ehe geschehen kann), sollte man das ihrer Entscheidung überlassen.

Schon auf dem Zweiten Vaticanum hat die Kirche übrigens einen Ausweg aus dem selbst gebauten Gefängnis der rein heterosexuellen Eheauffassung gefunden. Neben den traditionellen »Ehezielen« Einehe, Unauflöslichkeit und Kindersegen ist als viertes das Ziel hinzugetreten: sich gegenseitig zu lieben, diese Liebe zu mehren und reifen zu lassen. Außer dem Kindersegen – der aber wie bei anderen kinderlosen Paaren auch durch Adoption realisiert werden kann – können gleichgeschlechtliche nicht eheliche Lebensgemeinschaften diese Ziele ebenfalls verwirklichen. Zwei homosexuellen Menschen, die sich Treue und gegenseitige Liebe auf Dauer versprechen wollen, sollte zumindest eine Segnung (die ja nichts anderes als eine *Bitte* an Gott um seinen Segen bedeutet) nicht verweigert werden.

Zu Beginn des Jahres 2018 hat zum ersten Mal ein deutscher katholischer Bischof, Franz-Josef Bode aus Osnabrück, die Möglichkeit einer solchen Segnung ins Gespräch gebracht. Er stelle sich die Frage, wie man mit Menschen umgehe, die eine »Ehe für alle« eingehen und sich in der Kirche engagieren. In der *Neuen Osnabrücker Zeitung* wird er zitiert: »Wie begleiten wir sie pastoral und liturgisch? Wie werden wir ihnen gerecht?« Dies ist insofern bemerkenswert, als Bischof Bode stellvertretender Vorsitzender der deutschen Bischofkonferenz ist. Vielleicht gibt es neben dem zölibatär lebenden Geistlichen und dem sakramental verheirateten und geweihten Priester irgendwann einmal auch den zivil verheirateten und kirchlich gesegneten homosexuellen Pfarrer? Ich bin überzeugt, die wenigsten Gemeinden hätten damit ein Problem. Im Gegenteil, sie wären wohl froh, wenn der eine oder andere Pfarrer seine hetero- oder homosexuelle Beziehung nicht mehr heimlich leben müsste. Wobei es sich oft genug um »offene Geheimnisse« handelt. Die Menschen sind ja nicht dumm. Sie durchschauen ihre Hirten und merken sehr bald, wo diese sich verstellen. Auch dieser Zwang zur Heuchelei wäre dann endlich vorbei.

Manchmal bricht das völlig abrupt aus

Joachim Reich berät und behandelt als klinischer Sexologe und systemischer Therapeut Kleriker, die mit dem Widerspruch zwischen ihrer Sexualität und dem Zölibat nicht zurechtkommen. Der frühere Ordenspriester bietet eine in Deutschland einzigartige Unterstützung an.

Die Praxis von Joachim Reich liegt weitab von der traditionell katholischen Welt Deutschlands: Fast fünfhundert Kilometer sind es vom Rheinland, sechshundertfünfzig Kilometer vom barocken Südbayern nach Berlin-Mitte, wo nicht einmal fünf Prozent der Bevölkerung katholische Christen sind. Die Gefahr, erkannt zu werden, tendiert also gegen null, wenn Kleriker den U-Bahnhof Schwartzkopffstraße in nördlicher Richtung verlassen. Früher war dieses Viertel an drei Seiten von der Mauer umgeben. Wo die Sperranlagen der Vorderlandmauer standen, wurden in den letzten Jahren Neubauten für Berlins Besserverdienende errichtet. In einem typischen Berliner Bau aus der Zeit der vorletzten Jahrhundertwende befindet sich unten ein Deli mit Bierbänken vor der Tür – und im dritten Stock die Praxis des Sexologen. Die Priester und Ordensleute, die ihn aufsuchen, steigen durch ein etwas trauriges

Treppenhaus, bevor sie warmes Licht und helle Farben in den Räumen einer Altbauwohnung empfangen. Wohlfühlatmosphäre.

Kaum zölibatär Hochbegabte

»Das ist auch notwendig«, sagt Reich. »Viele kommen vollkommen aufgelöst hier an, wie der dreißigjährige Kaplan, der vor Kurzem da war. Er hatte sich in eine Frau verliebt und auch mit ihr geschlafen – zum ersten Mal in seinem Leben.« Während sich damit für den jungen Geistlichen einerseits eine völlig neue Welt auftat, brach eine andere in sich zusammen. »Meist ist es so, dass nach Jahren des Verdrängens ein sexuelles Erlebnis die Fassade mit einem Schlag zerstört«, sagt Reich. »Manche sind damit vollkommen überfordert. Ihre plötzlich aufbrechende Sexualität oder ungekannte romantische Gefühle machen ihnen Angst, oft sind diese Menschen geradezu in Panik.« Da sei es wichtig, sie erst einmal zur Ruhe kommen zu lassen und ihnen klarzumachen, dass Sexualität und die körperliche Sehnsucht nach einem anderen Menschen alles andere als furchtbar ist, sondern ganz normal.

Was sich nach Oswald Kolle anhört und nach Aufklärungsunterricht aus den Sechzigerjahren, ist für katholische Geistliche manchmal die dringend erforderliche erste Lektion. Der Zölibat wirke nämlich, so Reich, nicht selten unbewusst wie ein Vehikel für Menschen mit einer an sich schon problematischen oder verdrängten Sexualität. »Diese Menschen wählen den Priesterdienst nicht trotz, sondern genau wegen des Zölibats – ganz einfach, weil sie hoffen, sich dann nicht mehr mit ihrer verstörenden oder lästigen Sexualität befassen zu müssen. Es ist naiv, aber viele meinen, dass das Amt, ihre Frömmigkeit oder die Hingabe an Jesus Christus sie schon bald so asexuell werden lassen, wie es das Kirchenrecht fordert.« Das verlangt für angehende Priester bereits ab der Diakonenweihe »vollkommene und immerwährende Enthaltsamkeit um des Himmelreiches willen«. Das Drama, so Reich, bestehe darin, dass die wenigsten Kleriker ein Leben lang auf Sexualität und körperliche Liebesbeziehungen verzichten könnten oder wollten. Die, die das schaffen – Reich nennt sie die zölibatär Hochbegabten –, machen nach seiner Schätzung maximal zehn Prozent der Kleriker aus. Rom aber hat genau dieses Ausnahmetalent zur unabdingbaren Norm und zur zwingenden Zugangsvoraussetzung eines geistlichen Berufs gemacht, den in Deutschland immerhin noch mehr als dreizehntausend Männer ausüben.

Zwiespalt zwischen Anspruch und Wirklichkeit

»Fast alle Kleriker scheitern deshalb früher oder später am hehren Anspruch der vollkommenen und immerwährenden Enthaltsamkeit, auch wenn sie ihr Gelübde zunächst durchaus ernst gemeint haben«, sagt Reich. Im Laufe ihres Priester- oder Ordenslebens würden die meisten auf die eine oder andere Weise mit ihren sexuellen Wünschen konfrontiert. Zum psychischen Problem werde dann für viele zum einen das Versteckspiel und die Angst, entdeckt und denunziert zu werden. Zum anderen haderten sie mit der Kluft zwischen dem eigenen und kirchlichen Moralanspruch einerseits und ihrer menschlichen Wirklichkeit andererseits. »Die meisten Geistlichen sind Idealisten, die ernsthaft für das einstehen wollen, was sie vor Gott und der Kirche versprochen haben. Das scheint dann plötzlich nicht mehr möglich. Viele empfinden ihre in der eigenen Wahrnehmung beschmutzte oder zerstörte Authentizität als sehr schmerzlich und als demütigendes Versagen«, so Reich.

Auf diesen oft lebenslangen Zwiespalt zwischen Anspruch und Wirklichkeit reagierten Kleriker höchst unterschiedlich: »Viele leugnen und verdrängen die Existenz eines sexuell motivierten Problems, manchmal über Jahre oder Jahrzehnte.« Andere rationalisierten sexuelle Aktivitäten und deuteten sie pseudospirituell um nach der Devise: Das mache sie zu besseren Seelsorgern, weil sie nun auch diesen Teil des Lebens kennengelernt hätten. »Nicht wenige lügen sich theologisch in die Tasche mit der Begründung: Ich habe Ehelosigkeit versprochen, und eine Ehe gehe ich ja auch nicht ein.« Eine dritte Gruppe richte sich mit der Zeit bewusst und ganz pragmatisch in einem Doppelleben ein. »Diese Priester leben ihre Sexualität zwar heimlich, aber sie stehen dazu oder haben es einfach aufgegeben, gegen das Unabänderliche ihrer sexuellen Bedürfnisse anzukämpfen.«

Akute Zölibatskrisen

Vor allem die ersten beiden Verhaltensmuster können leicht zu Krisen führen. So befinden sich unter den Klerikern und Ordensleuten, die in Reichs Praxis kommen, etwa achtzig Prozent in einer akuten Krisensituation: Weil sie sich in einen Menschen verlieben und die Sexualität plötzlich ganz personifiziert da ist. Weil sie beim Bordellbesuch erwischt oder in der Schwulenbar erkannt worden sind. Weil sie realisieren, dass sie zu viel Zeit mit Internetpornografie verbringen und anderes vernachlässigen.

Weil sie die Einsamkeit nicht mehr ertragen und körperliche Nähe ersehnen. Weil die Freundin schwanger ist und plötzlich sogar eine Abtreibung im Raum steht. Weil der Partner keine Lust mehr hat auf die Heimlichtuerei und den Priester vor die Wahl stellt. Weil der Pfarrer erpresst wird …

Reich wundert sich manchmal darüber, wie arglos manche Priester ihr Liebesleben offenbaren und damit die Krise oft unbedacht auslösen. »Ich kenne den Fall eines Pfarrers in Süddeutschland, der im Pfarrbrief nach den Sommerferien schrieb: ›Frau X und ich haben in unserem Urlaub in Spanien auch noch ein anderes Ehepaar aus unserer Gemeinde getroffen.‹ Frau X war seine Haushälterin. Sigmund Freud hätte an so etwas seine helle Freude gehabt.«

Wie ein Sexologe helfen kann

Wenn Priester plötzlich aus ihrer Komfortzone gerissen und mit ihrer Sexualität konfrontiert werden, ist guter Rat nötig, doch es gibt kaum Angebote, die ihnen in dieser Situation helfen. Joachim Reich ist mit seiner Berliner Praxis in Deutschland so etwas wie ein Geheimtipp. Als systemischer Sexualtherapeut, klinischer Sexologe und Einzel-, Paar- und Familientherapeut bietet er einen professionellen Rahmen. Als Diplom-Theologe, ehemaliger Ordenspriester, Gemeindepfarrer und jahrelanger Leiter einer kirchlichen Beratungsstelle kennt er die Ordens- und Kirchenwelt: ihre eigenwilligen Themen, ihre manchmal verschwurbelte Sprache und auch die besonderen kirchlichen Fallstricke.

Zwar unterhalten acht der siebenundzwanzig deutschen Diözesen mit den Benediktinern der fränkischen Abtei Münsterschwarzach eine Einrichtung, in der Priester, Ordensleute und Laien im pastoralen Dienst innehalten können, über ihre geistliche Berufung und eine akute Lebenskrise reflektieren sowie eine therapeutisch begleitete Auszeit nehmen. Reich sieht darin trotz aller Professionalität ein Feigenblatt. »Es ist anzunehmen, dass in den Begleitungen auch Zölibatskrisen eine große Rolle spielen. Doch die Begriffe Zölibat oder gar Sexualität findet man auf der Homepage des Recollectio-Hauses vergeblich. Es sieht so aus, als wolle die Kirche zwanghaft vermeiden, Kleriker und Sexualität in einem Atemzug zu nennen. Obwohl genau diese Sexualität für so viele von ihnen ein riesiges Problem darstellt.«

Dies wiege umso schwerer, als Menschen in Zölibatskrisen auch außerhalb der Kirche kaum kompetente Unterstützung fänden. Er selbst hat diese bittere Erfahrung gemacht, als er um seinen Ordensaustritt rang und einen Therapeuten suchte. »Manche Themen, mit denen sich Kleriker beschäftigen, sind so binnenzentriert, skurril oder abseitig, die können Außenstehende oft gar nicht ernst nehmen.« Und die geistlichen Begleiter und Begleiterinnen für Priester innerhalb der Kirche hätten zwar hohe seelsorgerische und geistliche Kompetenz, aber meistens weder eine psychologische Ausbildung, noch seien sie sprechfähig zu beziehungsmäßigen oder sexuellen Sachverhalten. Außerdem seien sie alles andere als neutral, wenn es um den Austritt gehe.

So kommen im Jahr etwa zwanzig Priester sowie Ordensmänner und -frauen in Reichs Praxis oder wenden sich per E-Mail oder Telefon an ihn. Für fast alle ist es zunächst wichtig, dass sie mit jemandem über das Erlebte reden können. Dafür braucht es einen ebenso geschützten wie professionellen Rahmen. Reich setzt darauf, den Sachverhalt zunächst zu entdramatisieren und zu normalisieren. Deutlich zu machen, dass Sexualität menschliche Realität ist, auch wenn sie bisher nicht zur Lebenswelt der Kleriker gehört hat. Der nächste Schritt sei es dann, eine Lösung für die konkrete Situation zu finden. »Es macht durchaus einen Unterschied, ob die Sexualpartnerin ein engagiertes Gemeindemitglied oder die Pastoralreferentin ist, also Menschen, denen man regelmäßig über den Weg laufen wird, oder ob es sich um eine Urlaubsbekanntschaft handelt. Oder Prostituierte.«

Nach dem ersten Schock beginnt dann die Reflexion und die therapeutische Auseinandersetzung mit dem Erlebten: Was für eine Funktion hat die Sexualität für den jeweiligen Kleriker: Ist sie der Grund für den gewählten Beruf, der dann letztendlich eine Vermeidungsstrategie darstellt? Oder wurde die Sexualität bisher einfach nur vernachlässigt? Möglich ist auch die Funktion des Stressabbaus bei Frust, Langeweile, Einsamkeit. Warum passiert es gerade jetzt? Welche Motivationen, Sehnsüchte und Hoffnungen verbindet der Priester damit, gibt es Baustellen im Bereich Work-Life-Balance, Gebetsleben, der Atmosphäre in der Gemeinde? »Erst wenn diese Fragen geklärt sind, kann man sehen, warum der Sex im Leben des Geistlichen so wichtig geworden ist und was er daraus über sich selbst lernen kann«, sagt Reich »Der letzte Schritt ist dann, herauszufinden, was das nun konkret für das priesterliche Leben bedeutet. Welche Erste-Hilfe-Maßnahmen müssen eingeleitet werden, um die Arbeitsfähigkeit wiederherzustellen? Was muss sich mittelfristig ändern, was auf lange Sicht?«

Keusche junge Konservative

Der Kaplan, der vor Kurzem in Reichs Praxis war, zählte zu den sehr konservativen Priestern, wie sie heute oft aus den Seminaren kommen und geweiht werden. »Sexualität darf bei denen gar nicht vorkommen, da ist schon Masturbation eine Katastrophe«, sagt Reich. »Die nehmen das wirklich ernst und wollen das leben, können es aber genauso wenig wie die Priestergeneration der Siebziger- oder Achtzigerjahre, die mit dem Thema etwas souveräner umging.« So würden die Seminare zu ganz besonderen Schutzräumen für Männer mit einer verdrängten Sexualität. »Denn was ist besser, als die Unterdrückung der eigenen Sexualität auch noch religiös zu überhöhen. Das kann aber nicht gut gehen!« Umso schlimmer wird dann oft der Zusammenprall mit der Wirklichkeit: Wenn die jungen Priester merken, dass sie an ihren eigenen Maßstäben scheitern – situativ, in einer bestimmten Phase oder gewohnheitsmäßig –, dann ist die Fallhöhe von der extremen Idealisierung ihrer Berufung enorm hoch. Ihre Sexualität greift sie plötzlich umso mehr an, je mehr sie sie vorher ausgeschlossen haben.

Zum Problem werde dann auch, dass die Kirche ihre Priester auf solche Erfahrungen in der Ausbildung fahrlässig schlecht vorbereite, erklärt Reich: »In den Priesterseminaren und Noviziaten der Orden gibt es in all den Jahren allenfalls zwei, drei kleine Blöcke zum Thema Sexualität und Zölibat, die Kirche empfiehlt als Maßnahme bei sexuellem Verlangen bis heute: kalt duschen.« Noch als Mönch warb Reich dafür, Zölibatskurse für Priesteramtskandidaten und Ordensnovizen sowie entsprechende Schulungen für geistliche Begleiter anzubieten, doch er stieß damit bei seinen Oberen auf eine Mauer.

Homoerotische Biotope

»Trotz des Zölibatsgebots sind die Priesterseminare und Ordenshäuser Biotope für Homophilie, Homoerotik und häufig genug auch für schwulen Sex«, sagt Reich. So dürfen zwar offiziell seit einer Anordnung von Papst Benedikt XVI. keine Kandidaten mehr aufgenommen werden, die angeben, dass sie homosexuell sind. »Die Kirche meint, dass sie damit dem Problem der Pädophilie begegnen kann, was vollkommener Unsinn ist, denn Pädophilie hat nichts mit Homo- oder Heterosexualität zu tun.« Tatsächlich aber seien immer schon unter Priesteramtskandidaten weit mehr Homosexuelle als im Durchschnitt der männlichen Bevölkerung – auch das eine Folge des Zölibats, der es begünstige, wenn Männer ihre, oft genug schwule, Sexualität von sich abspalteten. »Im Seminar wohnen dann diese Männer über Jahre auf engem Raum zusammen, und es entsteht ein sonderbares männerbündisches, homophiles Milieu, in dem sich ganz seltsame Verhaltensformen entwickeln – und nicht selten massive zwischenmenschliche Probleme.«

Grundsätzlich sei Homosexualität im katholischen Klerus leichter zu leben als Heterosexualität. »Ganz einfach weil es in dieser Männergesellschaft nicht auffällt, wenn Männer von Männern begleitet werden oder miteinander in den Urlaub fahren.« Außerdem kämen keine Schwangerschaften vor, die bei heterosexuellen Priestern oft zum Eklat und zum Ausscheiden aus dem Amt führten. Gemeinden mutmaßten schwule Beziehungen ihrer Pfarrer zwar häufig, hätten jedoch in der Regel kein Problem damit, wenn sie ihren Pfarrer schätzten, und dann auch kein Interesse daran, ihn zu outen. Reich kennt aber auch Fälle, in denen etwa der Bischof dem Priester beim Gespräch dessen eigenes Profil auf einer populären Schwulen-Plattform ausgedruckt auf den Tisch gelegt hätte: Es sei ihm angeblich anonym zugespielt worden. Oder den Fall, bei dem der Pfarrer den Organisten der Nachbargemeinde in einem bekannten Schwulenklub in Berlin getroffen habe. Oder die fast unglaubliche Geschichte, dass ein Küster in einer Fernsehdokumentation über Lateinamerika zwei Ordensbrüder seiner Gemeinde in Mexico City eine Rolltreppe hochfahren sah, in unübersehbarer Vertrautheit. Derartiges ungewolltes Coming-out sei freilich die Ausnahme, die Regel seien zwar heimliche, doch häufig langjährige schwule Beziehungen von Priestern und auch unter Priestern.

Sexuelle Bulimie und Anorexie

Freilich erfordert jede sexuelle Beziehung von katholischen Priestern Heimlichkeit und Versteckspiel. Dies führe, so Reich, zu ganz besonderen Problemen, unter denen die Kleriker sowie ihre Partnerinnen und Partner zu leiden hätten. »Am besten scheint es noch denen zu gehen, die sich irgendwann mit ihrem Doppelleben abfinden, ihr sexuelles Bedürfnis für sich akzeptieren – und es leben.

Manche werden darüber etwas zynisch oder sarkastisch, aber oft können sie vergleichsweise störungsfrei damit leben und gute Seelsorger sein, sei es mit festem Partner beziehungsweise Partnerin oder mit anonymem Sex«, sagt Reich.

Reich beobachtet unter Klerikern Fälle, die er als sexuelle Bulimie bezeichnet, das heißt Sex wie eine Art plötzlicher Ess-Brech-Anfall. »Man stopft sich in möglichst kurzer Zeit wahllos alles Mögliche an Essen hinein, um dann das vermeintliche Übel rasch wieder auszuscheiden, zu erbrechen. Übertragen bedeutet das, dass sich exzessiver Sexkonsum mit zwanghaft keuschen Phasen der Selbstkasteiung abwechseln, bevor der nächste sexuelle oder beziehungsmäßige ›Fressanfall‹ kommt.« Reich kennt zahlreiche »Urlaubs- und Freie-Tage-Bulimiker«. Viele Priester kommen zu ihm mit der Frage: »Bin ich sexsüchtig oder krank?« Er hat auch Patienten, die ihre Sexualität komplett abspalten, sie rein mechanistisch und konsumierend begreifen und sich ganz planmäßig alle paar Wochen einen Orgasmus organisieren, ohne jeglichen Gedanken an den Menschen, mit dem sie dies tun. »All das ist natürlich kein ausschließliches Kirchenproblem«, sagt Reich, »aber in der Kirche ist aufgrund des besonderen Auswahlkriteriums Enthaltsamkeit alles eine Spur extremer.«

Kompensation durch Ersatzhandlungen

Andere seien sexuell anorektisch, also im übertragenen Sinne magersüchtig. Sie versuchten, als erotisch wahrgenommene Empfindungen, soweit es geht, auszuhungern. »Die sind oft als Person sehr unangenehm und als Seelsorger wenig greifbar, eremitisch bis eigenbrötlerisch.«

Solche Geistlichen wirkten im Umgang, oft auch in ihrem körperlichen Habitus, hölzern bis fassadenhaft, und in Gesprächen bedienten sie sich nicht selten einer kirchlich-floskelhaften, manierierten Sprache. Offenbar kompensierten diese Männer ihre zwanghafte Keuschheit häufig durch Exzesse auf nicht sexuellen Gebieten: Übergepflegtheit des Äußeren, Fitnesswahn, besondere liturgische Extravaganz oder ritualistische Strenge sowie moralischer, dogmatischer und kirchenpolitischer Konservativismus. Die Ersatzhandlungen könnten aber auch häufige teure Restaurantbesuche, exklusive Einkäufe, ferne Reisen, skurrile Sammelleidenschaften sein – Joachim Reich hat schon alles gehört und gesehen. Zum Problem werde sehr oft der Alkohol, und viele Kleriker seien auffällig übergewichtig. »Die Einsamkeit des Pfarrhauses oder einer nicht funktionierenden Ordensgemeinschaft ertragen viele eben nicht anders.« Eine andere Gruppe nennt Reich die »pastoralen Gschaftlhuber«: »Die tanzen auf allen Hochzeiten, starten ständig neue Projekte, sitzen in jedem Arbeitskreis, bleiben an jedem Stammtisch bis zum Schluss und geben auf dem Faschingsball den sterbenden Schwan im Tütü.« Viele Gemeindemitglieder finden diese vermeintlich volksnahen Pfarrer großartig, dabei müsste ein solch überdrehtes und überhitztes Verhalten für Gemeinden eigentlich Anlass zur Sorge um ihren Seelsorger sein. Denn dahinter verbirgt sich oft ein seelischer Notstand.

Permanente Überforderung

Insofern sei es nicht verwunderlich, wenn sich unter Priestern psychosomatische Erkrankungen, Depressionen und Burn-out-Symptome häuften. Dazu trage die permanente

Überforderung eines Pfarrers mit meistens mehreren Pfarreien bei. In vielen Diözesen würden Pfarrer mittlerweile geradezu verheizt. Sie seien zuständig für riesige sogenannte pastorale Räume oder Seelsorgeeinheiten. »Der extreme Priestermangel fordert geradezu Workaholics, die dauernd in Bewegung, aber nie ansprechbar sind. Dem einzelnen Priester kann das durchaus recht sein: Bloß nicht zur Ruhe kommen, denn dann müsste er sich ja mit den eigenen inneren Konflikten befassen.« In ihren Gemeinden seien diese Pfarrer moralische Instanzen, doch selbst fühlten sie sich häufig klein und hilflos. »Ihr eigener Anspruch zersplittert häufig an ihrer persönlichen Realität, zu der eben auch oft das Thema Sexualität und Zölibat zählt. Das tut niemandem gut: den Priestern nicht und auch nicht den Menschen, die mit ihnen zu tun haben.«

Endgültig aussteigen

Die wenigsten Priester, die Reich berät, wollen wegen der Probleme, die ihnen der Zölibat bereitet, sofort aus ihrem Beruf aussteigen. »Die meisten meiner Klienten versuchen, den Zölibat doch irgendwie zu schaffen oder sich ein Doppelleben einzurichten. Der Grund dafür ist, dass Priester für die meisten wirklich der Traumberuf ist.« Manchmal gehe es aber nicht anders, als den Beruf aufzugeben. In solchen Fällen unterstützt Reich die Kleriker, häufig auch Paare, darin, den Schritt klug und vorausschauend zu organisieren. Ein nicht zu unterschätzendes Problem sei es, einen neuen Job zu finden, denn die Kernkompetenz von Priestern werde auf dem Arbeitsmarkt nicht gerade häufig nachgefragt. Reich rät deshalb immer dazu, sofern noch kein Zeitdruck besteht, noch im Priesteramt Fortbildungen zu machen und planmäßig auf die Suche nach einer beruflichen Perspektive außerhalb der Kirche zu gehen.

Am möglichst nahtlosen Übergang in einen neuen Job hänge der wichtigste Aspekt eines Austritts: die finanzielle Absicherung. Die erweise sich gerade bei Ordensangehörigen, die ja kein eigenes Geld hätten, oft als äußert schwierig. »Am schlimmsten sind Schwestern dran, die stehen meistens mit so gut wie gar nichts da, wenn sie austreten.« Manchmal scheitert ein Austritt sogar an der finanziellen Situation. Reich nennt das Beispiel eines Ordenspriesters, der ihm anvertraut habe, dass er, wenn er ehrlich sei, den Glauben verloren habe, aber dennoch seit Jahren Messen feiere und Sakramente spende. Notgedrungen, weil er keine andere Option für sich sehe. Wegen seines fortgeschrittenen Alters könne er es sich nicht leisten, aus seinem Orden auszutreten. Er müsste Hartz IV beantragen, gar nicht zu reden von seinem sozialen Abstieg. Seine langjährige Freundin habe das notgedrungen akzeptiert.

Die Partnerinnen und Partner der Priester

Oft sind es in solchen Ausstiegsberatungen die Partnerinnen und Partner, denen Reich am meisten hilft. »Die leiden oft seit vielen Jahren unter dem Doppelleben, das ihr Mann, der Priester, führt – und sie mit ihm«, sagt Reich. Dabei arrangierten sich schwule Männer mit einer solchen Situation leichter: Sie übten seltener Druck auf den Priester aus, sich zu entscheiden. In homosexuellen Beziehungen gehe es eher um praktische Dinge wie die gemeinsame Zeit, die in einer Liaison mit einem Pfarrer naturgemäß sehr limitiert sei. Frauen hingegen stellten oft irgendwann die Frage nach ihrem Wert in dieser Beziehung im Vergleich zur hohen Priorität, die Beruf und Kirche für den Kleriker hätten, sagt Reich. Manche fühlten sich richtiggehend missbraucht, weil sie das Gefühl hätten, dass sie immer an allerletzter Stelle stünden. »Es ist nicht so, dass viele Frauen gleich zu Beginn heiraten wollen, einige finden die Heimlichkeit zunächst auch attraktiv. Aber oft ziehen sich solche Beziehungen in einem irgendwie unklaren Status sehr lange hin. Und häufig hören Frauen dann irgendwann ihre biologische Uhr ticken und fordern mehr oder weniger deutlich eine Entscheidung ein. Das spitzt die Situation dann oft immens zu.«

Von der Kirche oft alleingelassen

Die Kirche selbst helfe ihren Priestern in akuten Zölibatskrisen am allerwenigsten, sagt Reich, obwohl sie wisse, wie schwer es den Geistlichen falle, mit verordneter Beziehungslosigkeit und Keuschheit auf Dauer zurechtzukommen, und wie oft sie daran scheiterten. »Dennoch gehen die Verantwortlichen mit diesem Problem weder systematisch noch fürsorglich um. Wenn wieder ein Priester austritt, heißt es, ja, das sei bedauerlich, aber keineswegs die Regel. Die Botschaft, die da oft mitschwingt, ist die: Wir haben kein grundsätzliches Problem mit dem Zölibat, sondern es ist immer der Einzelne, der sündigt, zu wenig Disziplin hat, keine wirkliche Gottesbeziehung, keine echte Berufung. Am Zölibat selbst darf nicht gerüttelt werden.« Zwar würden sowohl in den Orden als auch in den Diözesen die konkrete Lebens- und Arbeitssituation in Gesprächen mit den Oberen häufig thematisiert. »Der einzige Aspekt aber, über den durchweg geschwiegen wird, ist der Umgang der Priester mit ihrer Sexualität. Als ob es das Thema nicht gäbe, nur weil die Kirche ausgeschlossen hat, dass Priester Sex haben. Das ist vollkommen absurd!« Die Betroffenen koste das über die Jahre und Jahrzehnte erhebliche psychische und spirituelle Kraft, die Lebensqualität und die Arbeitsfähigkeit würden massiv beeinträchtigt. Nicht einmal das Sakrament der Beichte helfe, da häufig weder echte Reue vorhanden sei noch der Vorsatz, eine bestehende sexuelle Beziehung zu beenden.

Traumatisierungen durch die Reaktion der Kirche

»Wenn Priester und Ordensleute sich irgendwann dann doch durchringen und ihren Austrittsentschluss bei ihren Vorgesetzten ansprechen, entstehen häufig erst die richtigen Traumatisierungen«, weiß Reich nicht nur aus eigener Erfahrung zu berichten. »In der Regel betrachtet die Kirche Geistliche, die ihren Beruf aufgeben wollen oder müssen, als Abtrünnige, die ihre Berufung verraten. Viele Bischöfe sehen das auch als eine Art Majestätsbeleidigung.« Er wisse von einem Fall, bei dem der Bischof ernsthaft gefragt habe: »Was sagt eigentlich Ihre Mutter dazu, dass Sie gerade Ihre Berufung mit Füßen treten?«

»Die Kirchenoberen reagieren oft unglaublich unprofessionell und hilflos, manchmal kaltherzig und unsensibel«, sie hätten weder Respekt für die schwere Gewissensentscheidung noch für die Existenznot des Priesters. Oft würden durch eine solche Art des Umgangs auch Familie und Freunde, meist fromme Katholiken, traumatisiert und ihr Verhältnis zur Kirche für immer beschädigt. Sie erlebten, so Reich, plötzlich, dass die Institution, die sich die

Seelsorge auf die Fahne geschrieben hat, ebendas überhaupt nicht kann: Seelsorge und Fürsorge für in Schwierigkeit geratene Geistliche. »Das ganze kirchliche Gerede von der Barmherzigkeit entpuppt sich dann sehr schnell komplett als heiße Luft, wenn die Priester und ihr Umfeld genau das Gegenteil davon erfahren von Bischöfen, die allein nach Kirchenrecht vorgehen.«

Ein Bischof freilich ist bisher noch nicht zu Joachim Reichs Praxis in Berlin-Mitte hochgestiegen. Auf dem Rückweg zum U-Bahnhof Schwartzkopffstraße würde er auf den riesigen betonkalten Neubau des Bundesnachrichtendienstes schauen – ein anderes Zentrum der Heimlichtuerei.

Zölibat und sexueller Missbrauch

Zu Beginn des Jahres 2010 hatte P. Klaus Mertes, der Direktor des von den Jesuiten geführten Berliner »Elite-Gymnasiums« Canisius-Kolleg, von Missbrauchsfällen an seiner Einrichtung in den Siebziger- und Achtzigerjahren erfahren. In einem Brief an die Absolventen aus den betroffenen Jahrgängen appellierte er an ehemalige Schüler, das Schweigen zu brechen. Über diesen Brief wurde zuerst in den Berliner Medien und bald darauf bundesweit berichtet. Der Appell von P. Mertes löste eine Lawine von Bekenntnissen wirklicher und vermeintlicher Missbrauchshandlungen durch katholische Priester und Ordensangehörige an Kindern und Jugendlichen aus. Viele dieser Fälle lagen Jahre oder Jahrzehnte zurück, häufig waren die Beschuldigten schon verstorben.

Am bekanntesten in diesem Zusammenhang wurde neben dem Canisius-Kolleg in Berlin das Internat und Gymnasium der Benediktinerabtei Ettal in Oberbayern. Dort sollen sich insgesamt rund fünfzehn Mönche an über hundert Schülern vergangen haben. In den Medien fanden auch die Vorgänge bei den Regensburger Domspatzen große Beachtung, wohl auch deshalb, weil der Bruder von Papst Benedikt XVI., Georg Ratzinger, den berühmten Knabenchor jahrzehntelang geleitet und, wie er selbst zugab, mit harter Hand geführt hatte.

Schon in den Neunzigerjahren waren Missbrauchsvorwürfe gegen Kleriker in anderen Ländern – besonders in den USA und im weitgehend katholischen Irland – bekannt geworden. Ende des Jahres 2017 wurde der Bericht der »Königlichen Kommission« der Regierung Australiens veröffentlicht und erregte weltweit Aufsehen. Zehntausende Kinder und Jugendliche sind in Australien zwischen 1950 und 2010 Opfer von sexuellem Missbrauch in kirchlichen und staatlichen Einrichtungen geworden. Die genaue Zahl der Opfer ist nicht bekannt, es wird aber geschätzt, dass mindestens sechzigtausend Menschen Anspruch auf Entschädigung geltend machen können.

Die Kommission gibt 189 Handlungsempfehlungen – dazu zählt auch eine Abschaffung des Beichtgeheimnisses und des Pflichtzölibats für katholische Priester. Eine weitere Empfehlung lautet, die Kirchen sollten künftig Priester- bzw. Pfarramtskandidaten für die Arbeit mit Kindern prüfen – beispielsweise mit psychologischen Tests oder durch ein psychosexuelles Gutachten von externen Experten. Menschen, gegen die ein begründeter Vorwurf des sexuellen Missbrauchs von Kindern erhoben wurde oder die wegen Missbrauchs verurteilt wurden, sollen nie wieder in der Seelsorge arbeiten dürfen.

Im Zuge der Missbrauchsfälle lag es auf der Hand, dass, wie auch die staatliche australische Kommission konstatiert, der Zölibat als eine der möglichen Ursachen in den Blick geriet. Juristen, Psychotherapeuten, Sexualwissenschaftler und Moraltheologen befassten sich mit diesem Thema. Dabei kamen, je nach Standpunkt, verschiedene

Thesen zur Sprache. Der Zölibat bewirkt sicher nicht, dass Männer pädophile Neigungen entwickeln. Diese Entwicklung vollzieht sich schon in der Pubertät. Aber umgekehrt könnte es sein, dass der Zölibat den Priesterberuf für junge Männer mit gesellschaftlich geächteten sexuellen Neigungen attraktiv macht. So könnten sich auch sexuell unreife Menschen, insbesondere mit Neigungen zu pubertierenden Jugendlichen, vom Zölibat angezogen fühlen. So wurde der Verdacht geäußert, dass sich im Priesterstand ein signifikanter Anteil von Menschen mit Störungen der sexuellen Präferenz finde.

Dafür gibt es jedoch keine zahlenmäßigen Hinweise. Weltweit geht man von einem Anteil von 1 bis 5 Prozent pädophiler Männer im katholischen Klerus aus. In Australien seien es 7 Prozent der Priester gewesen, die sich an Kindern und Jugendlichen vergangen haben. Erzbischof Tomasi, der Vertreter des Vatikans bei den Vereinten Nationen, zeigte in seiner Erwiderung von Angriffen der Humanistischen Union auf, dass Missbräuche durch katholische Geistliche seltener seien als bei anderen Konfessionen und dass nach Auskunft des U.S. Department of Education Missbrauchsfälle an Schulen etwa hundertfach häufiger wären als durch Priester. Tomasi unterstrich, dass man bei sexuellem Missbrauch also nicht von einem speziellen Problem der katholischen Kirche ausgehen könne, die Kirche gleichwohl aber sehr bewusst und ernsthaft das Problem angehe.

Dennoch, so ein Argument in der zugegeben aufgeregten Atmosphäre der Jahre 2010 und 2011, könne der Zölibat mit den Missbrauchsfällen in Zusammenhang gebracht werden.

Bei 80 Prozent der Fälle, so der Psychotherapeut Wunibald Müller, der sich in besonderer Weise um katholische Priester und Ordensleute in schwierigen psychischen Situationen kümmert, handelt es sich um Vergehen an (post-) pubertierenden Jugendlichen. Wenn es sich um Phänomene abweichender sexueller Präferenz handeln sollte, dann um Hebephilie (so nennt man die sexuelle Vorliebe für pubertierende Mädchen oder Jungen).

Meiner persönlichen Einschätzung nach sind die meisten zölibatären Missbrauchstäter vor allem Ersatzobjekttäter und nicht primär pädophil veranlagt. Was ist damit gemeint? Der zölibatär lebende Mensch muss einem doppelten Druck standhalten. Sozusagen von unten dem Druck der sexuellen Libido, die durch die sexuelle Befreiung seit den Siebzigerjahren des letzten Jahrhunderts als zunehmend natürlich und quasi gottgegeben angesehen wird. Dazu kommt die seitherige mediale Omnipräsenz erotischer Darstellungen, der sich auch der noch so asketisch leben wollende Geistliche nicht entziehen kann. Dann der Druck von oben: auf der einen Seite das Zölibatsgesetz mit dem Verbot der Priesterehe und auf der anderen das Konzept der Sündhaftigkeit jeglicher außerehelichen sexuellen Betätigung. In dieser Gemengelage wird ein persönlich unreifer oder willensschwacher Priester sich möglicherweise an einem Opfer vergreifen, das nicht oder nicht wirksam genug Widerstand leistet.

Kinder- und Jugendarbeit gehört seit jeher zu den Aufgaben der in der Seelsorge tätigen Priester. Die Ministranten bzw. Messdiener haben die besondere Aufmerksamkeit der Pfarrer und Kapläne. Viele katholische Männer- und Frauenorden betreiben Schulen und Internate. Die Erziehungstätigkeit in Verbindung mit religiöser Sozialisation ist eine der vornehmsten Aufgaben der Kirche. Umso skandalöser werden dann Übergriffe in diesem Feld der Pastoral empfunden. Früher haben alle Beteiligten sich bemüht, derartige Vorfälle unter den Teppich zu kehren. Nicht nur die kirchlichen Oberen, auch die Eltern wollten oft kein Aufsehen, nicht zuletzt auch, um das Ansehen der Kirche nicht zu schädigen, wenn sie selbst aktiv in der Gemeinde tätig waren. Diese Rücksichtnahme ist heute vorbei, der Klerus muss sich auch vor den eigenen Gläubigen für seine Verfehlungen rechtfertigen. Da wirkt dann die Diskrepanz zwischen dem moralischen Anspruch und dem eigenen Verhalten umso schwerwiegender. »Wasser predigen und Wein trinken« ist ein oft gehörter Vorwurf an die kirchlichen Verkünder. Die Forderung nach sexueller Enthaltsamkeit außerhalb der Ehe wird gerade dann äußerst unglaubwürdig, wenn diejenigen, die diese Forderung vertreten, missbräuchlich über Jahre hinweg ihre Sexualität mit den ihnen anvertrauten Schutzbefohlenen ausleben.

Natürlich wird die Freigabe oder gar Aufhebung des Zölibats nicht verhindern können, dass weiterhin Missbrauch geschieht, sei er nun pädophil, hebephil oder einfach nur aus der Gelegenheit heraus motiviert. Pädophile Menschen, wohl meist Männer, gibt es statistisch gesehen sogar häufiger in anderen sozialen Umfeldern als im katholischen Klerus: bei Familienvätern, Sporttrainern und Lehrern oder einfach beim Onkel oder Nachbarn. Aber diejenigen, denen ein ausgeglichenes Sexualleben mit ihrer Partnerin/ihrem Partner genügt, die könnten hoffentlich als Missbrauchstäter weitgehend ausgeschlossen werden.

Vom Altar zum Arbeitsamt

Als seine Freundin schwanger wird, geht der berufliche und soziale Abstieg Hans-Jörg Witters rasant: Als Priester suspendiert, kann er sich und seine junge Familie zunächst nur durch Gelegenheitsjobs über Wasser halten. Um den Anspruch auf Leistungen des Arbeitsamts zu erwerben, arbeitet der Master der Missionswissenschaft ein Jahr lang als Wachmann bei einem Sicherheitsdienst. Nach einer Umschulung hat der frühere Priester und Missionar heute eine Anstellung als SAP-Berater.

Nummer am Sozialamt

Als Hans-Jörg Witter auf dem Sozialamt seiner Heimatstadt Oberhausen die Nummer zieht, wird ihm bewusst, was für einen tiefen beruflichen und sozialen Sturz er hinter sich hat. Früh am Morgen ist er im Haus seiner Eltern aufgestanden und in die Stadt gefahren. Der Fünfunddreißigjährige ist mit seiner jungen Familie ins Dachgeschoss eingezogen, anders könnten sie sich finanziell nicht über Wasser halten. Witter ist als Kapuziner Armut und persönliche Bescheidenheit gewohnt, doch der Verlust der Sinnhaftigkeit seines beruflichen Tuns und die finanzielle Abhängigkeit von anderen setzen ihm zu. Ebenso die Perspektivlosigkeit: Auf einen Master der Missionswissenschaft, der fließend eine Reihe von Sprachen spricht, hat das Arbeitsamt der Ruhrgebietsstadt Oberhausen nicht gerade gewartet. Nach acht Jahren im Ausland steht Witter vor dem Nichts. Er hat nicht einmal Ansprüche auf Arbeitslosengeld. »Das Bitterste für mich aber war, dass mein Orden nichts getan hat, um mir außerhalb des Klosters wieder auf die Beine zu helfen. Ich hatte vierzehn Jahre für Gotteslohn gearbeitet, doch von einem Tag auf den anderen wollte die Kirche nichts mehr mit mir zu tun haben.«

Ein Knoten an der Kordel ist lose

Dieser Tag war zwei Jahre zuvor. São Paulo in Brasilien: Witter trägt noch den dunkelbraunen Habit der Minderen Brüder, wie sich die drei katholischen Bettelorden der Franziskaner, Kapuziner und Minoriten nennen. Alle drei berufen sich auf den Heiligen Franz von Assisi, den Namensgeber des derzeitigen Papstes. Die Kapuziner zeichnen sich durch eine besondere Liebe zur Stille und zum Gebet aus, sowie durch die Nähe zum einfachen Volk und zu den Armen. Dies drückt sich unter anderem in aktiver Seelsorge für Randgruppen aus, etwa im Rahmen der Obdachlosenarbeit. Um den Bauch tragen alle Kapuziner eine weiße Kordel mit drei Knoten, die die Mönche immerwährend an ihre Gelübde erinnern sollen: Gehorsam, Armut, Enthaltsamkeit. Der dritte dieser drei Knoten hat sich für Bruder Raymund (sein Ordensname) allerdings schon längst gelöst, ohne dass seine Mitbrüder das gemerkt haben. Jetzt aber kann er es nicht mehr verbergen, er muss es seinem Oberen sagen. Denn seine Freundin ist schwanger.

Experte für die Spiritualität indigener Völker

1983 tritt Witter als Novize in den Kapuzinerorden ein. In seiner Heimatgemeinde Liebfrauen Sterkrade haben die Kapuziner ein Kloster. Dort haben sie vor fast hundert Jahren die Seelsorge übernommen. 2004 wird es schließlich aus Nachwuchsmangel aufgelöst. Witter zieht es als Kapuziner von Anfang an in die Mission. 1990, gleich nach seiner Priesterweihe, wird er nach Mexiko entsandt, als Pfarrer einer ländlichen Pfarrei im Bundesstaat Oaxaca. Er lernt die Sprache der dort lebenden Mixteken und ist fasziniert von der spirituellen Tiefe ihrer alten Kultur. In São Paulo studiert der junge Kapuziner Missionswissenschaft.

Noch Jahre später, als er seine Promotion schreibt, wählt er die Religion und Kultur der Mixteken auch als Thema seiner Doktorarbeit. »Ich wollte diesen Menschen aus der Sicht und der Einsicht eines Europäers die Kostbarkeit und den Reichtum ihrer Tradition vorstellen und besonders an die junge Generation der Mixteken appellieren, die Tradition ihrer Ahnen zu wahren und weiter zu leben.« Die Erfahrungen in Mittel- und Südamerika, wo Witter in den folgenden Jahren auch zahlreiche indigene Völker besucht, begeistern ihn für die Frage, wie sich unterschiedliche Kulturen gegenseitig spirituell bereichern können – für die globale katholische Kirche seit jeher ein immens wichtiges Thema.

Entscheidung: Frau oder Amt

In São Paulo lernt der Ordensmann dann seine jetzige Frau kennen. Er lebt dort in einer unharmonischen, für ihn schwierigen Klostergemeinschaft, fühlt sich nicht wohl und spürt zudem seit Langem, dass er für den Zölibat nicht gemacht ist. »Eigentlich war ich zu spät ehrlich zu mir selbst. Ich fühlte schon lange, dass ich nicht zur Ehelosigkeit und Enthaltsamkeit berufen bin«, sagt Witter rückblickend. »Ich hab das halt in Kauf genommen, weil ich Priester und Missionar werden wollte, aber schnell gemerkt, dass ich auch körperliche Nähe und Zärtlichkeit brauche.« Als Witter die Lehrerin und Pastoralassistentin kennenlernt, funkt es rasch; die beiden schlafen auch bald miteinander, außerhalb des Klosters natürlich. Zwei Jahre lang leben sie eine mehr oder weniger versteckte Beziehung, was für einen Ordensmann in einer klösterlichen Gemeinschaft noch einmal deutlich schwieriger ist als für einen Priester, der allein im Pfarrhaus lebt.

Als seine Freundin ungewollt schwanger wird, muss Witter etwas unternehmen. Er sucht das Gespräch mit seinem Oberen. Der bietet an, wie in solchen Fällen üblich, dass der Orden den Unterhalt für das Kind bezahlen würde. Vorausgesetzt, Witter trennt sich von der Frau. »Man hat mir zu verstehen gegeben, dass man mich sehr gern behalten würde, dass ich mich aber entscheiden müsse zwischen der Kirche und meiner Familie«, erzählt Witter. »Ich wusste natürlich, wie die Kirche in solchen Fällen vorgeht, aber es war schon eine sehr harte Erfahrung, als es mich betraf.« Wenn ein Geistlicher seine Beziehung melde, gehe es der Kirche nicht um die Gesamtheit der Betroffenen: den Priester, die Frau, vielleicht auch Kinder. »Es geht ihr nur um den Priester. Um ihn zu halten, zieht sie sämtliche Register. Wenn ihr das nicht gelingt, lässt sie ihn fallen. Fürsorglichkeit und Barmherzigkeit sehen anders aus.«

Die Flugtickets muss er sich erbetteln

»Ich kann mir nicht vorstellen, dass jemandem der Austritt aus dem Priesteramt leichtfällt«, sagt Witter. »Das ist ein massiver Konflikt, eine riesige Angst davor, den größtmöglichen Fehler im Leben zu machen. Ich hatte damals auch enorme wirtschaftliche Ängste.« Für einen Priester spiele Arbeitslosigkeit ja keine Rolle. Deshalb werde auch nichts in die Sozialversicherung einbezahlt. »Wer sich dann für die Liebe entscheidet, steht oft mit leeren Händen da. Und mit einer Ausbildung, die nur innerhalb der Kirche einen Wert hat.« Dennoch gibt es für ihn keinen anderen Weg, als zu seiner Frau und der Tochter zu stehen, die bald auf die Welt kommen wird. Der Ordensobere suspendiert ihn unverzüglich. Von heute auf morgen steht Witter mittellos da.

»Gerade Ordensleute, die austreten, haben es ökonomisch extrem schwer«, sagt Witter, der sich deshalb in der Vereinigung katholischer Priester und ihrer Frauen (VKPF) engagiert. Viele der hundertachtzig Mitglieder haben ähnliche Erfahrungen gemacht wie er. Sie kämpfen daher unter anderem für die garantierte Weiterbeschäftigung von Priestern, die geheiratet haben, im kirchlichen Dienst, für laufende Beiträge in die Arbeitslosenversicherung sowie eine gerechte Rentennachversicherung. »Ich habe ja zehn Jahre lang im Orden nichts verdient. Dass man mich einfach so mit einem Händedruck verabschiedete, habe ich wie einen Fußtritt empfunden.« Ein paar Monate kann Witter sich mit Übersetzungen und als Dozent über Wasser halten, dann erkennt er, dass er seine junge Familie in Brasilien nicht wird ernähren können. Er geht noch einmal zu seinem Oberen und bittet, ob die Kapuziner nicht wenigstens die Flugtickets und Umzugskosten nach Deutschland übernehmen könnten. Schließlich habe ihn der Orden auch über den Atlantik geschickt. Es wird die letzte Unterstützung durch die Kapuziner sein, die Witter erhält.

Jobben beim Sicherheitsdienst

Zurück in Deutschland, versucht Witter zunächst, in einer kirchlichen Institution Fuß zu fassen. Er wendet sich an die großen Hilfswerke Misereor und Adveniat. Mit seinen Kompetenzen, meint er, müsste er dort doch ein gefragter Mann sein. »Doch das war nicht so, ich habe nur Absagen erhalten.« Also bleibt dem jungen Paar, das inzwischen in Deutschland geheiratet hat, nur der Ausweg, dass sie wieder im Haus von Witters Eltern einziehen. »Das war für mich schon eine sehr bittere Erfahrung, als ob ich mit meinem bisherigen Leben gescheitert wäre.« Doch diese Demütigung ist nicht Witters größtes Problem: Er benötigt einen Job. Ein früherer Schulfreund vermittelt ihn an einen privaten Sicherheitsdienst. Ein Jahr lang steht der ehemalige Priester nun Wache an Gebäuden und auf Baustellen, manchmal zweihundertsechzig Stunden im Monat. »Ich musste einfach Geld für meine Frau und unsere Tochter ranschaffen«, sagt er. »Außerdem wollte ich Anspruch auf Arbeitslosengeld erwerben, damit ich eine Umschulung machen kann. Diese Perspektive hat mich durch diese Zeit gerettet.« Existenzangst hat er trotzdem nicht, auch wenn er viele Fälle ehemaliger Priester und Ordensleute kennt, die in neuen Berufen scheitern. Es erweist sich, dass ein Missionar im Grunde alles kann: Am Ende des Jahres ist Witter Objektleiter Brandschutz mit fünfundzwanzig gewerblichen Mitarbeitern.

Vom Priester zum IT-Berater

Nach dem Jahr beim Sicherheitsdienst beginnt Witter eine vom Arbeitsamt angebotene Umschulung zum SAP-Berater mit dem Schwerpunkt Personal. »Das ist natürlich alles andere als mein Traumjob«, sagt er, »aber man verdient ganz gut Geld damit.« Beruflich hat er dann mehrere Stationen durchlaufen. Seit einigen Jahren ist er fest bei ThyssenKrupp in Essen angestellt. Natürlich würde er viel lieber als Priester arbeiten. Er empfindet sich ja nach wie vor als Priester und sucht nach Wegen und Räumen dafür auch in seinem neuen Leben. »Ich bin viel zu religiös, als dass ich diesen Aspekt aufgeben könnte.«

Er ist immer noch praktizierender Katholik und in der Gemeinde engagiert. Im Grunde versteht er nicht, wieso die Kirche Priester am Zölibat scheitern lässt. »Bei den beiden anderen Gelübden tut sie das doch auch nicht, an der Armut und am Gehorsam.« Die Kirche bestrafe ihre Priester durch Amtsenthebung, wenn sie dieses eine der drei Ideale nicht erreichten. Hinzu komme, dass sie sogar die Laisierung fordere, wenn ein früherer Priester eine Anstellung bei der Kirche anstrebe. »Ich verstehe nicht, wieso es sich die Kirche so schwer macht, stärker vom Potenzial ihrer früheren Priester zu profitieren. Wir bleiben doch, auch wenn wir Frau und Kinder haben, Leute der Kirche. Sie tut aber oft so, als wären wir Ausgestoßene.«

Zölibat lediglich als Möglichkeit

Die Vereinigung katholischer Priester und ihrer Frauen (VkPF) engagiert sich bereits seit über dreißig Jahren dafür, den Zölibat als eine Möglichkeit für ein Priesterleben zu begreifen und nicht länger als notwendige Voraussetzung. »Das ist die einzig logische Konsequenz aus der Tatsache, dass nur ein kleiner Prozentsatz der Kleriker den Zölibat tatsächlich durchhält. Alle anderen leben ihre Sexualität. Damit muss die Kirche irgendwie klarkommen, ob sie es will oder nicht.« Andernfalls gedeihen in diesem Dunkelfeld üble Zustände, so Witter. In den letzten drei Wochen haben sich vier Priester bei der VkPF gemeldet. »Ein junger Ordenspriester hat gerade eine Junior-Professur für Moraltheologie erhalten – und er hat seit Kurzem eine Freundin. Wenn das auffliegt, geht es um seine Existenz!« Bei der letzten Jahreshauptversammlung ging es besonders um die Situation von Schwestern, die aus ihrem Orden austreten. »Die sind meistens noch viel schlimmer dran als Männer«, sagt Witter, »ohne dass darüber groß gesprochen wird.«

Die VkPF berät und unterstützt Geistliche beim Austritt und wirbt für einen wahrhaftigen Umgang mit allen Fragen der Sexualität innerhalb der Kirche. »Jesus hat sich von einer Sünderin erotisch berühren lassen und ihr gerade deshalb vergeben, weil sie viel geliebt hat. Das ist doch ein eindeutiger Beleg, dass er die menschliche Sexualität angenommen hat und nicht verteufelt«, wundert sich Witter. Er sieht durchaus auch neue Sichtweisen innerhalb der Kirche. »Franziskus will ganz klar mehr Barmherzigkeit und weniger Gesetze.« Das Problem aber sei, dass Katholiken vor Ort Änderungen fordern müssten, Rom werde diese nicht vorgeben, allenfalls zulassen. »Gemeinden müssen sich erheben und Pfarrer fordern, die verheiratet sind. Bischöfe müssen Verheiratete weihen – auch Frauen natürlich!« Und wieso könne man nicht die vielen ausgetretenen Priester wieder in Dienst nehmen? »Wir verlieren mit denen einige unserer Besten, gleichzeitig haben wir in vielen Pfarreien zunehmenden pastoralen Notstand!« Aber das alles werde innerkirchlich nicht diskutiert; die deutschen Bischöfe seien viel zu feige für mutige Änderungen und hielten lieber an einer Schimäre fest.

Zurück zur Stechuhr

Das Mittagessen in der Pizzeria in Essen hat sich länger hingezogen, als Witters Mittagspause es eigentlich zulässt. Er muss zurück an seinen Arbeitsplatz auf dem weitflächigen Werksgelände im Essener Westen, an das SAP-System mit seinen vielen Funktionen. Statt mit Systemmodulen hätte er viel lieber direkt mit Menschen zu tun. Und statt über Personalprozesse würde er mit ihnen viel lieber über ihre Spiritualität sprechen. Ganz ohne Stechuhr und Zeiterfassung.

Der Zölibat und die unierten Kirchen

Die katholische Kirche ist pluralistischer, als wir sie in unseren Breiten normalerweise erleben. Deshalb bezeichnet sie sich hier selbst als römisch-katholische Kirche. Das Oberhaupt ist der Bischof von Rom, der bis zu Papst Benedikt XVI. auch den Titel »Patriarch des Abendlandes« geführt hat. Damit war die Feststellung verbunden, dass man zur lateinischen Ritus-Familie gehörte. Diese feierte ihre Gottesdienste früher in der lateinischen Sprache und nach den Riten, die sich in Rom herausgebildet hatten und in den dort herausgegebenen Büchern für die römisch-katholische Kirche vorgeschrieben wurden. Schon der lateinische Ritus kennt noch mehrere andere Varianten, beispielsweise die sogenannte Ambrosianische Liturgie, wie sie in der Kirchenprovinz von Mailand gefeiert wird, und die Mozarabische Liturgie, die heute nur noch in einer Seitenkapelle des Doms von Toledo zelebriert wird. In all diesen Riten ist der Zölibat für Priester und Bischöfe vorgeschrieben.

Während der Kreuzzüge und in der katholischen Gegenreformation kam es zur Union von Teilen der orthodoxen bzw. orientalischen Kirchen mit der katholischen

Kirche unter einem gemeinsamen Oberhaupt, dem Papst in Rom. Heute gibt es insgesamt dreiundzwanzig dieser unierten Kirchen. Sie haben meistens den Zusatz »katholisch« hinter ihrer Selbstbezeichnung, z. B. »griechisch-katholische« oder »koptisch-katholische Kirche«. Diese Kirchen haben den gleichen Ritus und die Traditionen wie ihre orthodoxen bzw. orientalischen Ursprungskirchen behalten, die Kirchengemeinschaft aber zugunsten der römisch-katholischen Kirche aufgegeben. Die größten dieser unierten Kirchen sind die Maroniten, die im Libanon ihren Schwerpunkt haben (6 Millionen Gläubige weltweit), und die ukrainisch-katholische Kirche mit Sitz des Großerzbischofs in Kiew (5 Millionen Gläubige).

Mit wenigen Ausnahmen gilt die Zölibatsverpflichtung in diesen Kirchen – wie in den anderen Ostkirchen – nur für Bischöfe und Mönche. Sie weihen verheiratete Männer zu Diakonen und Priestern; nach der Diakonatsweihe kann man aber nicht mehr heiraten. Auch nach dem Tod der Frau geht das nicht mehr. Das gibt oft Probleme, wenn etwa die Frau bei der Geburt eines Kindes stirbt, der Mann mit den kleinen Kindern alleine dasteht und nicht mehr heiraten darf.

Diese Regelung geht auf eine altkirchliche Sitte zurück, dass Witwen und Witwer nicht mehr heiraten sollten, und wurde als Forderung bei den Priestern aufrechterhalten. Der Apostel Paulus benennt schon einen eigenen hoch angesehenen Witwenstand in seinen Gemeinden. Außerdem schreiben seine Schüler in ihren Pastoralbriefen vor, der Gemeindeleiter solle nur eine Frau haben. Daraus leitete man auch das Verbot der zweiten Ehe nach dem Tod der Priesterfrau ab. Bischöfe sind in den Kirchen des Ostens unverheiratet, also meistens Mönche. Es können wie in der lateinischen Kirche auch verwitwete Männer zu Priestern geweiht werden, das ist aber nicht so häufig der Fall.

Zölibatäre Priester und Mönche können Bischof werden, die verheirateten im Normalfall nicht. Sie müssen aber die ganze Last der Gemeindearbeit tragen. Damit weiß man schon bei der Diakonenweihe, ob der Kandidat Karriere machen kann oder nicht.

Bis vor einigen Jahren sah das Kirchenrecht vor, dass in Gebieten, in denen es keine etablierten unierten Kirchen gab, nur zölibatäre Männer geweiht werden durften. Damit sollte verhindert werden, dass etwa ein Deutscher sich einer katholischen Ostkirche anschließt, verheiratet geweiht wird und dann in Deutschland als Priester des lateinischen Ritus tätig wäre. Dieses Problem trat auf, als die Bischöfe unierter Kirchen in Polen verheiratete Priester weihten und die polnischen lateinischen Bischöfe das verhindern wollten.

Der gegenwärtige Patriarch der melkitischen griechisch-katholischen Kirche, Joseph I., machte schon 2010 folgenden Vorschlag: »Die Bischofskonferenzen der einzelnen Länder sollten sich von Zeit zu Zeit gemeinsam treffen. Man sollte den Bi-Ritualismus erlauben, sodass keine Pfarrei ohne Gottesdienst bleibt, ganz gleich zu welcher Kirche sie gehört.« Unter Bi-Ritualismus versteht man die Tatsache, dass ein Priester auch im Ritus einer anderen Teilkirche den Gottesdienst zelebrieren kann. Das hieße konkret: Ein verheirateter Priester einer unierten Kirche könnte in Deutschland z. B. eine Messe im römisch-katholischen Ritus feiern.

Es gibt also verheiratete katholische Priester. Und zwar nicht nur bei den unierten Kirchen. Einem verheirateten Mann kann mit päpstlicher Genehmigung vor der Priesterweihe eine Befreiung vom Zölibat erteilt werden, sodass er, ohne das Versprechen der Ehelosigkeit abzulegen und ohne Einschränkung seines Ehelebens, zum Priester geweiht werden kann. Diese Erlaubnis kann nur der zuständige Bischof beantragen, und sie wird derzeit fast ausschließlich aus nicht katholischen Kirchen konvertierten Geistlichen gewährt. Erstmals geschah dies für den Mainzer evangelischen Pfarrer Rudolf Goethe, der 1951 mit Zölibatsdispens Pius' XII. zum Priester geweiht wurde. Bedingungen und Verfahrensdauer haben sich seither einige Male geändert.

Eine Besonderheit sind verheiratete Priester in der ehemaligen Tschechoslowakei, die während des kommunistischen Regimes in der tschechischen Untergrundkirche heimlich zum Priester geweiht wurden. Um nicht aufzufallen, wurden auch verheiratete Familienväter geweiht. Nach dem Fall des Kommunismus wurde diesen verheirateten Priestern der Übertritt zur griechisch-katholischen Kirche angeboten, wo es den Zölibat nicht gibt.

Nach dem Konflikt über die Frauenordination in der anglikanischen Gemeinschaft im Jahr 1993 kam es während des Pontifikats Johannes Pauls II. zu einer Übertrittswelle von Geistlichen der Church of England mit Befreiung vom Zölibat. Der katholische Erzbischof von Westminster und Oberhirte der Katholiken in England und Wales weihte im Jahr 2011 drei bisherige Bischöfe der Church of England zu katholischen Priestern. Theologisch ist es umstritten, ob die Anglikaner die sogenannte Sukzession ihrer Weiheämter bewahrt haben oder nicht. Dieser Begriff bezeichnet die ununterbrochene Folge der Weihe durch Handauflegung und Gebet, die innerhalb der katholischen und orthodoxen Kirche bis auf die Apostel zurückgeführt wird.

In den Kirchen der Reformation wurde diese Sukzession nicht überall für wichtig angesehen und daher nicht mehr beibehalten. Papst Leo XIII. erklärte in seiner Bulle *Apostolicae curae* 1896 die anglikanische Ordination wegen formaler Änderungen am Ritus unter König Edward VI. für ungültig. Daher mussten die konvertierten Bischöfe in der katholischen Kirche noch einmal geweiht werden. Da sie verheiratet waren, konnten sie ihr Bischofsamt als Katholiken nicht weiterführen. Auch etwa fünfzig verheiratete anglikanische Priester traten zur katholischen Kirche über. Sie bilden innerhalb der katholischen Kirche Großbritanniens eine eigene Sektion, die ihre überkommene anglikanische Spiritualität bewahren und pflegen soll.

Wir sehen also: Es gibt katholische, mit Rom verbundene Teilkirchen, die den Zölibat für Diakone und Priester nicht fordern. Dies hat eine lange oder zumindest durch neuere Entwicklungen herbeigeführte Tradition. Wie bei den konvertierten evangelischen oder anglikanischen Geistlichen zeichnet sich eine Lockerung der strengen Zölibatsforderung ab. Dies gibt Hoffnung, dass dieses Prinzip der Regionalität auch auf andere Teilkirchen des lateinischen Ritus angewendet werden könnte.

Zukunft ungewiss

Kathrin Stadler ist seit elf Jahren die Partnerin eines Pfarrers. Den Wunsch nach einem Kind musste sie begraben, aber ins nächste Pfarrhaus wird sie mite inziehen. Das hat sie sich fest vorgenommen.

Es gibt in ihrer Beziehung zwei verbotene Themen. Lange hatte Kathrin Angst, sie auszusprechen, Angst, von ihm zurückgewiesen zu werden, mit ihren Gefühlen am Ende wieder alleine dazustehen. António hat ihr schließlich oft genug deutlich gemacht, dass er Pfarrer bleiben will: »Du weißt genau, dass das nicht geht. Priester ist meine Berufung, ich kann und werde das niemals aufgeben.« Deshalb könne er auch auf gar keinen Fall ein Kind haben. »Zu Beginn unserer Beziehung war das noch kein Thema, da war ich ja erst Ende zwanzig, aber mit den Jahren ist es für mich immer wichtiger geworden«, sagt Kathrin. Nach etwa fünf Jahren hat sie aus gesundheitlichen Gründen die Pille abgesetzt und dann zu hoffen begonnen. »Natürlich haben wir das besprochen, und wir haben dann eben anders verhütet, aber ich habe immer insgeheim gehofft, dass es irgendwann einfach passieren wird. Ich dachte, ich kriege das hin«, sagt Kathrin Stadler, deren Name in diesem Text ebenso geändert ist wie der ihres Partners, des Priesters.

Der Wille Gottes

Mit Mitte dreißig blickt Kathrin dann immer häufiger auf ihre biologische Uhr und weiß doch genau, dass er sie bei diesem Thema stets abgeblockt hat. Soll sie sich auch damit noch abfinden, neben allem anderen, dem Versteckspiel, dem Doppelleben, der Aufgabe ihrer beruflichen Sicherheit? Sie hat bereits eine Therapie gemacht, in der es um ihre Gefühle ging, ihre Perspektiven, ihre Ängste – nachdem es in ihrer Beziehung seit Jahren vor allem um den Priester geht, seine Regeln, seine Bedürfnisse und seine Grenzen. Und sie hat sich fest vorgenommen, noch einmal mit ihm darüber zu sprechen: Sie will ein Kind. Es wird kein einfaches Gespräch, aber Kathrin hat sich gut vorbereitet. Am Ende willigt er ein: Sie vereinbaren, einmal zu verhüten und einmal nicht. Er sagt, dann solle es der Wille Gottes sein. Doch sie weiß natürlich, dass das schon ein ziemlich seltsames Konstrukt ist für eine so wichtige Entscheidung – und dass es sich gar nicht um fünfzig-fünfzig handelt, sondern, wenn man es biologisch betrachtet, höchstens um zwanzig-achtzig. Wieder einmal hat sie sich auf eine nicht mal halbe Sache eingelassen. »Bisher ist es leider nicht passiert, dass ich schwanger wurde«, sagt Kathrin heute, fünf Jahre später. Und fragt sich manchmal, immer noch, wo eigentlich sie und ihre Bedürfnisse bleiben.

Paris, 2000

Hätte sie einen anderen Ort als Paris für ihren Auslandsaufenthalt wählen sollen, wenn sie gewusst hätte, was im Jahr 2000 dort beginnen sollte? Natürlich ist ihr die Tragweite nicht bewusst, als die Studentin der Romanistik und Musikwissenschaft zu Beginn ihrer zwei Auslandssemester an der nächstbesten Kirche darum bittet, an der Kirchenorgel spielen zu dürfen. Kathrin stammt aus der Nähe von Stuttgart und ist katholisch aufgewachsen. Sie war Messdienerin und Organistin in ihrer Gemeinde, spielte auch in zahlreichen anderen Gemeinden der Gegend die Orgel und machte später ihre beiden Leidenschaften – die Musik und die französische Sprache und Literatur – zu ihren Studienfächern. Die nächstbeste Orgel im Viertel, in dem sie zur Untermiete wohnt, gehört der portugiesischen Gemeinde, und als sie klingelt, öffnet ihr ein attraktiver junger Priester die Tür: António, damals siebenundzwanzig, fünf Jahre älter als sie. Kathrin erhält die Erlaubnis, und als Gegenleistung spielt sie von nun an regelmäßig im Gottesdienst. So sehen sich die beiden ein Jahr lang häufig, ohne dass irgendetwas darauf hindeuten würde, dass sich hier mehr entwickeln könnte. Nach dem Ende ihres Studienaufenthalts kehrt Kathrin nach Tübingen zurück, um mit ihrer Promotion zu beginnen, António geht wieder nach Portugal, wo er in der Hochschulseelsorge eingesetzt wird. Die beiden bleiben locker in Kontakt, telefonieren ein paarmal im Jahr und tauschen alle paar Monate Mails aus, auf Französisch, das sprechen beide gleichermaßen gut.

In den Pfarrer verliebt?

Es dauert einige Jahre, bis sich die beiden wiedersehen. Mit einer Freundin unternimmt Kathrin Stadler eine Reise durch Portugal, und die beiden Frauen kommen auch in die Gegend von Coimbra, wo António tätig ist. Sie können bei seinem Bruder übernachten, der ebenfalls Priester ist und zu dieser Zeit in einem großen Pfarrhaus lebt. Fünf Tage bleiben die zwei jungen Frauen in der Gegend, António fährt sie herum, zeigt ihnen vieles, sie kommen bis nach Santiago de Compostela in Spanien, zum Grab des heiligen Jakobus. An den Abenden sitzen die vier lange im Pfarrhaus zusammen, trinken Portwein, quatschen, diskutieren. »Dort hat es bei mir ein bisschen gefunkt«, erinnert sich Kathrin, wobei es nicht der Priester war, der sie anzog, sondern ganz einfach der Mann. »Damals gefiel mir sein Verständnis der Priesterrolle überhaupt nicht. Er ließ sehr den Hochwürden raushängen, wirkte manchmal abgehoben und unnahbar, fast arrogant.« Aber irgendwann an einem der Abende, in der warmen Sommernacht im Garten des Pfarrhauses, ändert sich in ihr etwas: »Plötzlich dachte ich mir, der ist ja eigentlich ganz nett!« Offenbar beruht diese mit schwäbischem Understatement formulierte Beobachtung auf Gegenseitigkeit, denn im selben Jahr noch kommt António zusammen mit seinem besten Freund, einem ehemaligen Franziskaner-Mönch, der seit seinem Austritt mit einem Mann zusammenlebt, nach Schwaben. Kathrin zeigt den beiden den Schwarzwald, das Elsass, die Klöster Hirsau und Bebenhausen. Sie ist zu dieser Zeit zwar in einen anderen Mann verliebt, wenn auch unglücklich, doch das hindert sie nicht daran, António erneut in den Blick zu nehmen – und aufs Neue »ziemlich nett« zu finden. Sie halten ihren Kontakt auch in der Zeit danach, die Telefonate werden häufiger und dauern länger.

Ein Wochenende in Bratislava

Eines Tages meldet er sich überraschend: Er sei mit zwei befreundeten Kollegen ganz in der Nähe, ob sie nicht vorbeischauen wolle übers Wochenende. Die Nähe erweist sich zwar als fast 800 Kilometer von Tübingen nach Bratislava, doch was soll's? Ihre Freundinnen bemerken, wie aufgeregt Kathrin ist, und warnen sie: Sie solle aufpassen, dass sie sich nicht auf eine Geschichte mit einem Priester einlasse, das werde nicht gut gehen. Außerdem: ganz allein mit drei Männern? Kathrin zögert nicht lange, setzt sich ins Auto und fährt in die Hauptstadt der Slowakei. Sie haben sich am mächtigen Martinsdom verabredet in der mittelalterlichen Altstadt unterhalb der Burg. »Als er um die Ecke bog, war ich sterbensverliebt«, erinnert sie sich an den Moment. »Der kräftige Körper, der entspannte Gang, der dunkle Teint und vor allem dieses wunderbare breite Lächeln – ich hatte sofort Schmetterlinge im Bauch.« Es war genau, wie ihre Freundinnen es prophezeit hatten. »António behauptet zwar bis heute, dass in Bratislava noch gar nichts war, obwohl er ganz klar geflirtet hat, und wie!«, erzählt sie. Die drei verbringen ein wunderbares Wochenende, Kathrin schläft bei einer Freundin ihrer Großmutter in Wien.

Zurück in Tübingen freilich kommt der Katzenjammer. »Ich wusste gar nicht, was ich tun sollte. Das Gefühl war eindeutig, aber was hatte das für eine Konsequenz?« Da Kathrin ein Mensch ist, der ein Problem immer sofort und direkt angeht, schreibt sie ihm einen Brief. Sie sei verliebt, fühle, dass dies auf Gegenseitigkeit beruhe, und wolle wissen, wie sie beide nun mit dieser Situation umgehen sollten. »Für mich war damals alles klar, ich dachte schon an alle möglichen nächsten Schritte. Was ich aber noch nicht wusste, war, zu welchen Verdrängungskünsten António fähig ist.« Der antwortet erst einmal wochenlang nicht. Dann kommt ein Brief. »Belehrend, formelhaft, arrogant, unerträglich weihevoll, voller klerikaler Metaphern, die mich heute noch oft ärgern.« Sie wisse doch, dass er Priester sei, schreibt er, und was das für ihn bedeute. Kathrin interpretiert dies als klare Absage. Ihre Freundinnen trösten sie, doch insgeheim sind sie froh, dass die Sache ein klares Ende hat.

Ein Ferienhaus mit einem Schlafzimmer zu viel

Einige Monate herrscht Funkstille. Dann ruft António eines Abends auf Kathrins Handy an. Er sei gerade mit einer Pilgergruppe in Lourdes, wie es ihr denn gehe ... »Damals gab es noch keinen EU-Tarif, das Gespräch muss sehr teuer gewesen sein«, sagt Kathrin. Es sei doch schade, meint er am Telefon, dass ihr Kontakt abgerissen sei, und ob sie ein wenig plaudern könnten? »Ich weiß heute, dass das seine Art ist, Konflikte mit viel Charme aufzulösen, aber damit war er bei mir an die Falsche geraten.« Wenn es etwas zu klären gibt, dann ist Kathrin für eine ehrliche Aussprache, und es ist offensichtlich, dass sein Anruf und sein Brief nicht zusammenpassen.

Sie macht ihm daher rasch klar, dass ihr nicht nach Plaudern ist, schlägt stattdessen vor, dass sie sich persönlich treffen und reden. Er reagiert zunächst reserviert, einige Tage später aber ist er einverstanden mit einem Treffen in den Tagen zwischen Weihnachten und Silvester. So fliegt Kathrin erneut nach Santiago de Compostela. António holt sie am Flughafen ab, und sie fahren in ein Ferienhaus auf dem Land, das er reserviert hat – selbstverständlich mit zwei Schlafzimmern. Kathrins Freundinnen haben sie erneut gewarnt, sie solle in der Stadt bleiben: »Das ist ein verklemmter Pfarrer, der seine Chance wittert, fahr nicht mit dem irgendwo aufs Land.« Doch anstatt über sie herzufallen, lädt António Kathrin auf lange Spaziergänge ein, die beiden reden stundenlag über alles – »aber immer um den heißen Brei herum«, erinnert sie sich. »Uns beiden war klar, dass wir eigentlich über etwas anderes sprechen müssten.« Doch diesmal übernimmt sie nicht die Initiative. »Ich wollte nicht diejenige sein, die den armen Priester verführt«, erinnert sie sich – wenn, dann müsse das schon von ihm kommen. So landen sie am Abend einigermaßen erschöpft auf dem Sofa. Natürlich will sie ihn, aber sie will auch, dass er es will. So dauert es bis drei Uhr früh, bis er schließlich den Vorschlag macht, man könne es doch mal mit *einem* Bett versuchen. Diese Nacht markiert für Kathrin den Beginn ihrer Beziehung, obwohl sie nur nebeneinander und nicht miteinander schlafen.

So viel Hunger nach Zärtlichkeit

Dennoch herrscht Katerstimmung am nächsten Morgen. António macht den Eindruck, als hätte er einen Fehler gemacht, als bereue er, was vorgefallen ist. Kathrin merkt, dass er emotional sehr aufgewühlt ist. Er scheint zu erkennen, dass er sich ebenfalls verliebt hat, und damit wird die Beziehung nun auch für ihn zu einem Problem. Dass er sein Priestertum auf gar keinen Fall aufgeben werde, stellt er sofort klar. Und überhaupt: Portugal–Deutschland, wie sollte das gehen? An den beiden folgenden Tagen wälzen sie Frage um Frage, finden aber nur wenige Antworten. So vereinbaren sie, bevor Kathrin wieder nach Hause fliegt, einen Monat Zeit zum Nachdenken, ohne dass sie sich schreiben oder telefonieren. Es trifft sich für Kathrin gut, dass sie in diesen Wochen ihre Doktorarbeit fertig bekommen muss, »aber am Ende der Schweigezeit war es echt hart«.

Einen Tag nach Ablauf der vereinbarten Frist schreibt António eine Mail: »Wir müssen uns treffen.« Kathrin willigt ein. Diesmal sind keine zwei Schlafzimmer mehr vorgesehen. Zum ersten Mal in seinem Leben schläft der Dreiunddreißigjährige mit einer Frau. »Für ihn war es absolut überwältigend, er war vollkommen ausgehungert«, erinnert sie sich. »Das Erleben von Zärtlichkeit und Sexualität hat ihn richtig hinweggepustet, das war für uns beide unglaublich intensiv, für ihn aber auch ein Riesenschlag. Ihm war überhaupt nicht bewusst, wie wichtig das Körperliche für ihn ist. Und welche Schuldgefühle dieser Tabubruch in ihm auslösen würde.« Allerdings will Kathrin nicht nur Sex, sie hat längst eine Beziehung im Blick mit diesem Mann, den sie trotz der Schwierigkeiten liebt wie noch nie einen anderen zuvor. Sie treffen sich zwei Monate später ein weiteres Mal, doch anstatt die nächsten gemeinsamen Schritte in Angriff zu nehmen, kommt wieder ein Brief von ihm: Ihm wachse das Problem über den Kopf, schreibt António, so könne es nicht weitergehen, er habe Angst. Er könne auf Dauer kein Doppelleben führen und bitte sie, das zu akzeptieren.

In der Selbsthilfegruppe

Kathrin ist verzweifelt. »Während ich noch auf Wolke sieben schwebte, hat er einfach Schluss gemacht. Es war, wie wenn mir der Boden unter den Füßen weggezogen worden wäre.« Wenn er wenigstens angerufen hätte. Oder sie zu ihm fahren könnte, um zu reden. »Ich war so wütend, fühlte mich so unfair behandelt, hatte aber keine Ahnung, was ich jetzt tun sollte.« Im Internet findet Kathrin Kontakt zu einer Selbsthilfegruppe von Frauen, die in Beziehungen mit katholischen Priestern leben. Einmal im Jahr treffen sie sich und tauschen ihre Erfahrungen aus; in diesem Jahr ist das Treffen in Luxemburg. »Es gab viele Tränen, und auch ich war damals völlig am Boden.« Aber es tut ihr gut, ihr Herz auszuschütten unter Frauen, die die gleiche Erfahrung machen. »Und zu sehen, dass es anderen noch viel schlimmer geht, dass sie viele Jahre schon leiden in Beziehungen mit Priestern. Meiner hat ja einfach nur Schluss gemacht.«

So fährt Kathrin gestärkt wieder nach Tübingen. Sie will noch einmal mit António sprechen und ihm klarmachen, dass sie keine Entscheidung von ihm gegen sein Priesteramt erwartet oder gegen seine Kirche, aber eine Entscheidung für sie und ihre Beziehung. Sie schreibt ihm eine Mail. Dass sie keine Lust mehr habe auf dieses Hin und Her. Dass sie bereit sei, zu akzeptieren, dass er weiter Priester bleibe und sie eine verborgene Beziehung führten. Aber sie will eine definitive Aussage darüber, ob er diese Beziehung will. Ja oder nein? Tagelang kommt keine Antwort. Dann eines Nachmittags, als sie am Rechner sitzt, ein Pling. Sie starrt minutenlang auf das kleine Briefsymbol auf dem Bildschirm, wagt die Mail nicht zu öffnen, eine

Freundin muss das später für sie tun. In der Mail steht nur ein Wort: Oui.

Die Geliebte des Pfarrers

»Sosehr er Verdrängungskünstler ist, in diesem Moment war António konsequent«, sagt Kathrin Stadler im Rückblick. »Sein Ja meinte jetzt wirklich ein Ja, er stand zu unserer Beziehung. Das war sehr schön für mich, das hatte ich so lange ersehnt.« Gleichzeitig markiert seine Mail den Beginn einer anstrengenden Fernbeziehung zwischen Deutschland und Portugal. Kathrin arbeitet zu dieser Zeit in Stuttgart, die beiden können sich höchstens vier bis fünf Mal im Jahr treffen. »Es war uns schon ernst, aber wir hatten nie einen gemeinsamen Alltag, höchstens übers Telefon, das war auf Dauer schon sehr zermürbend.« Kathrin macht zu dieser Zeit auch eine berufliche Krise durch, beschließt, noch einmal zu studieren, um Lehrerin zu werden. Dazu benötigt sie ein zweites Fach neben Französisch. Sie wählt Theologie. »Ich wollte ihn und seine manchmal seltsamen Ansichten besser verstehen.« António ist davon gar nicht begeistert; offensichtlich empfindet er das als einen Übergriff in seinen Bereich.

Kathrin wiederum lernt durch das Theologiestudium Antónios Welt besser kennen und findet vieles, was sie an der theologischen Fakultät sieht, desillusionierend, manches abstoßend: »Diese jungen, erzkonservativen Priesteramtskandidaten, diese verklemmten Typen, diese überall schwirrende Homoerotik, die Professoren, die nur Männer als Hiwis nehmen, offensichtlich ausgewählt nach Aussehen und Körperbau. Das hat mich ziemlich irritiert.« Sie schließt das Theologiestudium ab, bewirbt sich aber letztlich nicht als Religionslehrerin, denn um die kirchliche Zulassung zum Referendariat zu erhalten, müsste sie lügen, was ihre »katholische Lebensführung« anbelangt. Das will sie nicht, auch wenn eine mögliche Verbeamtung der Lohn für die Lüge wäre. Vor allem aber reicht es ihr inzwischen mit der Fernbeziehung, und so beschließt sie kurzerhand: »Ich ziehe jetzt nach Portugal.« Kathrin will ausprobieren, ob das klappt, und sehen, wie sich ihre Beziehung entwickelt, wenn sie beisammen sind. António ist alles andere als begeistert. Er hat inzwischen eine Gemeinde übernommen und geht vollkommen in dieser neuen Aufgabe auf. Obwohl es über 50 Kilometer sind von Coimbra, wo Kathrin einen Job als Sprachlehrerin findet, bis zu seiner Pfarrei, empfindet er Kathrins Näherkommen offenbar als Bedrohung. Sie sagt ihm zu, dass sie es nicht allen auf die Nase binden müssten, aber verstecken will sich Kathrin auch nicht. »António war mit der neuen Situation ziemlich überfordert und hat sich zurückgezogen. Das war hart für mich, schließlich habe ich mein Leben in Deutschland aufgegeben und bin für uns nach Portugal gegangen.«

WG mit zwei Pfarrern

Mit der Zeit allerdings spielt sich das gemeinsame Leben ein. Kathrin kommt fast jede Woche zu António, meistens am Wochenende, wenn er seine Hauptarbeitszeit hat. Er teilt sich zu dieser Zeit mit einem anderen Pfarrer eine Wohnung, und so zieht am Wochenende nun auch Kathrin in diese WG. Natürlich schläft sie im Gästezimmer, sie schlafen dort auch zu zweit, aber nur, wenn der andere Priester nicht da ist. Zunächst sträubt sich António noch, hat Angst davor, wie sein Kollege, wie die Gemeinde mit der Situation umgehen könnten. Doch bald findet er Kathrins Besuche schön und genießt die gemeinsame Zeit. Es dauert nicht lange, bis die Haushälterin versteht, dass sie nicht jedes Mal das Bett abzuziehen braucht. In der Gemeinde gibt es keinerlei Reaktion. António stellt seine Freundin allen vor, ohne weitere Erklärungen: »Das ist Kathrin.« Niemand fragt nach, alle nehmen sie herzlich auf. Nach der Messe kommen jetzt ältere Damen zu ihr, die Anliegen an den Pfarrer haben und wissen, dass das, was sie Kathrin sagen, schon bei ihm landen wird. »Diese stillschweigende Selbstverständlichkeit hat mich sehr gefreut. Wir haben uns natürlich nie öffentlich geküsst oder Händchen gehalten, aber wer sie sehen wollte, konnte unsere Beziehung natürlich erkennen, und das haben die Menschen auch getan.« Im Juni steht jedes Jahr die Sankt-Johannes-Feier an, ein großes Fest mit Sardinengrillen. Der Pfarrer wird von einer Unternehmerfamilie dazu eingeladen, und der Patron fügt hinzu: »Du kannst deine Freundin gerne mitbringen.« Er ist einer der ganz wenigen, die aussprechen, was sie sehen.

Schweigen in der Familie

»Ich weiß nicht, ob das die portugiesische Mentalität ist: zu meinen, was nicht gesagt ist, existiert auch nicht«, fragt sich Kathrin bis heute. »António jedenfalls ist genau so drauf. Ich finde das furchtbar und besonders schlimm gegenüber seiner Familie.« Eigentlich könnte er jeden Sonntag nach der Messe mit Kathrin nach Coimbra fahren und mit ihr dort seinen freien Montag verbringen – wenn er nicht zur Familie müsste. Es ist in Portugal üblich, dass die Kinder am Sonntag zu den Eltern zum Mittagessen fahren, auch wenn sie schon weit über dreißig sind. Antónios Eltern sind damals schon in den Achtzigern – und wissen natürlich nicht, dass ihr Sohn eine Freundin hat. António tut auch alles, damit das so bleibt. Als er Kathrin zum ersten Mal zu den Eltern mitnimmt, lädt er ein paar Nonnen aus seiner Pfarrei ein, nimmt den Gemeindebus, und Kathrin ist dann eine von mehreren Frauen, die er seinen Eltern vorstellt. Allein mit ihr anzukommen, traut er sich da noch nicht. Trotzdem scheint die Mutter zu verstehen. Einmal mustert sie Kathrin einen sehr langen Augenblick lang und zwinkert ihr dann herzlich zu: Die beiden Frauen verstehen sich. Dennoch wagt António seiner Mutter erst auf dem Totenbett, einige Jahre später, zu sagen, dass er eine Freundin hat. Mit seinem Vater hat er darüber bis heute nicht gesprochen. Der Einzige aus der Familie, der mal fragt, ist der achtjährige Neffe: »Bist du eigentlich die Frau von António?«. Natürlich antwortet Kathrin, ohne zu zögern, mit Ja.

Bei der Beerdigung der Mutter wird Kathrin wieder einmal das zweite schwierige Thema ihrer Beziehung vor Augen geführt: Antónios angeblich göttliche Berufung zum Priester, an der er keinen Zweifel zulässt. Zur Totenfeier kommen sechzig bis siebzig Priester, Kollegen von António und seinem Bruder, alle in ihren Gewändern. Wie das so üblich ist, wenn die Mutter eines Priesters stirbt, präsidiert der Bischof und dankt in seiner Predigt der Toten, dass sie der Kirche zwei ihrer Söhne geschenkt hat. »Das hat mich doch sehr befremdet. Mir ist es am Grab der Mutter kalt über den Rücken gelaufen!« Kathrin sieht starke Familienstrukturen hinter Antónios Weg ins Priestertum, nicht erst seit sie Eugen Drewermanns dickes Werk *Kleriker* gelesen hat. »Wer mit zehn Jahren ins bischöfliche

Seminar geschickt wird, wird in diese Rolle reinerzogen, das ist nicht erwachsen reflektiert geschehen.« Aber sie weiß, dass es schwierig ist, mit António darüber zu sprechen: »António lässt auf den Ruf Gottes nichts kommen.«

Eine tiefe Krise

Kurz nach dem Tod von Antónios Mutter gerät Kathrin und damit ihre Beziehung in eine tiefe Krise. Es beginnt damit, dass sie ihre Stelle verliert. Mehr als ein Jahr lang hält sie sich mit verschiedenen Jobs über Wasser. Sie hat genügend Ersparnisse, muss sich um ihre ökonomische Situation keine Sorgen machen. Doch wenn es hart auf hart käme, könnte António finanziell wenig beisteuern: Anders als in Deutschland erhalten Pfarrer in Portugal kein festes Gehalt. Stattdessen sammelt einmal im Jahr die Gemeinde für ihn. Seine Pfarrei ist nicht arm und António beliebt, aber viel mehr als tausend Euro im Monat hat er für seine privaten Ausgaben nicht zur Verfügung.

Zur ungewissen beruflichen Situation gesellt sich der zunehmende Frust bei Kathrin über ihre Fernbeziehung: das Pendeln, die vollen Wochenenden, wenig Alltag miteinander, das dauernde Schweigen über in ihren Augen wichtige Themen. »Wir waren zwar ein Paar, aber wir hatten überhaupt keine Redekultur darüber, was jedem von uns wichtig ist, welche Sorgen wir haben, was uns beschäftigt.« Mehr noch als ein Kind wünscht sich Kathrin ein klares Bekenntnis ihres Freundes zu ihr und zu ihrer Beziehung. »Ich muss nicht unbedingt heiraten, aber als Frau eines katholischen Pfarrers fragt man sich schon sehr oft, welche Rolle, welchen Wert man eigentlich für ihn hat.« Sie hadert mit ihrer Entscheidung, die Chance auf eine sichere Beamtenlaufbahn in Deutschland aufgegeben zu haben. Sie empfindet sich ständig in die zweite Reihe versetzt und als Bittstellerin, die um halbe Tage betteln muss. Sie fragt sich, was mit ihr nicht stimmt, dass sie sich eine solche Beziehung ausgesucht hat.

Kathrin ist in den Anfangsjahren der Beziehung auch eifersüchtig auf die Kirche und Antónios Beruf. »Früher in Deutschland mochte ich die katholischen Formen sehr gern, jetzt hatte ich eine richtige Abneigung gegen das Messgewand. Das goldbestickte Zeug konnte ich zeitweise nur schwer ertragen. Dieser Pomp war wie eine Konkurrenz für mich, ich habe mich gefragt, will er lieber mich küssen oder doch den Altar. Wer bin ich eigentlich in dieser fürchterlichen Konstellation?« António versichert, dass er zu Kathrin steht, aber sie ist sich sicher: Wenn er wirklich vor der Wahl stünde, Frau oder Kirche, würde er sich für die Kirche entscheiden. »Heute stelle ich mir diese Frage einfach nicht mehr«, sagt Kathrin im Rückblick. »Ich war damals zu sehr auf mich bezogen und habe nicht erkannt, wie sehr ich António durch meinen Umzug nach Portugal unter Druck gesetzt habe. Der war von dieser neuen Lebenssituation überfordert und befand sich unter einem ständigen Grundstress.« So eskalieren Kleinigkeiten rasch, es gibt viel Streit in dieser Zeit. Während Kathrin reden will, schweigt er meistens und zieht sich bei heiklen Themen innerlich zurück. Das kann sie wiederum wahnsinnig machen, wenn sie sich nicht ernst und angenommen fühlt. Es kommt zu körperlichen Ausbrüchen, sie schlägt wild auf ihn ein. »Das waren Grenzerfahrungen. Ich habe mich gefühlt, als ob ich neben mir stehe, und gedacht: Das bist doch nicht du. Zum Glück hatte António die Größe, mich in diesen Situationen einfach nur festzuhalten.« So lange, bis sie sich wieder beruhigen konnte in den starken Armen des Mannes, den sie doch so liebt. Die beiden machen eine Paartherapie. »Die war zwar nicht besonders gut, aber dadurch haben wir wenigstens angefangen, miteinander über unsere Gefühle und Wünsche zu reden.«

Lissabon

Dann ist da die Stellenausschreibung in Lissabon. Einerseits ein Riesenglück, weil es sich um eine feste Stelle handelt. Andererseits liegt die Hauptstadt 200 Kilometer von dem Ort entfernt, an dem António arbeitet. Die für sie unerträgliche Situation scheint sich fortzusetzen, aber Kathrin will nicht mehr: »Ich bin doch nicht nach Portugal gezogen, um dann so weit weg von ihm zu sein.« Obwohl sie sieht, wie sehr er in seiner Pfarrei aufgeht, bittet sie António, sich eine Stelle in Lissabon zu suchen. Zunächst fasst er ihre Bitte als Zumutung auf und reagiert barsch. Doch auch ihm ist längst klar, wie wichtig diese Frau und diese Beziehung für ihn sind. Er erkennt, dass der Umzug nach Lissabon notwendig ist. Also geht er zu seinem Bischof und bittet um Versetzung. Bei dem läuten sämtliche Alarmglocken. Es ist der Höhepunkt des Missbrauchsskandals in der katholischen Kirche, und dass ein Priester sich in ein anderes Bistum versetzen lassen möchte, ist äußerst ungewöhnlich. António hat aber Glück: In Lissabon ist eine Stelle bei der Bischofskonferenz frei, und Antónios Bistum ist dran, sie zu besetzen. Der Bischof verspricht, sich auch um eine Wohnung in Lissabon zu kümmern, doch António lehnt dankend ab: Das mache er schon selbst ...

Inzwischen leben die beiden bereits seit über vier Jahren in ihrer gemeinsamen Wohnung im Stadtteil Beato in einem lebendigen Wohngebiet mit Geschäften und Kneipen – ohne die für Lissabon typischen Touristenmassen. Wer sie dort trifft, erlebt Kathrin und António als ein ganz normales Paar. Als solches haben sie auch hin und wieder Besuch: von gemeinsamen Freunden, von Kathrins Freunden und Familie aus Deutschland, von Antónios Neffen, auch der Rest seiner Familie weiß inzwischen, dass sie zusammenleben – mit Ausnahme des Vaters. »António zieht jetzt bei der Kathrin ein«, hieß es, kein weiterer Kommentar. Auch die Kirche interessiert sich nicht dafür, wo und mit wem ihr Priester lebt. Zur Sicherheit haben die beiden in ihrer Wohnung ein zweites Schlafzimmer eingerichtet, aber der Bischof stand noch nie vor der Tür. Antónios Job macht ihm sehr viel Spaß, er reist viel, ist häufig im Ausland. Manchmal holt Kathrin ihn werktags vom Gottesdienst ab, den António für die älteren Damen des Viertels hält. Sie wartet dann am Ausgang der Kirche, und wenn er kommt, fragt er: »Was sollen wir heute Abend kochen?« Manchmal auch unachtsam zu laut. »Hier in Lissabon ist er viel entspannter geworden, richtig cool«, findet Kathrin inzwischen und freut sich, wenn sie Hand in Hand durch die Stadt gehen oder er sie auf der Straße küsst.

Zukunft ungewiss

Doch die Idylle wird nicht lange so bleiben. António ist bereits zum zweiten Mal für drei Jahre auf seine Stelle berufen. Spätestens in anderthalb Jahren muss er sie wieder abgeben. »Was aber, wenn er dann wieder nach Coimbra versetzt wird, wieder in eine Pfarrei?«, fragt sich Kathrin.

Noch schlimmer wäre es, wenn sie ihn zu Höherem berufen würden. Um den kirchlichen Führungsnachwuchs ist es auch in Portugal nicht gut bestellt. Was in einer Pfarrei wahrscheinlich noch ginge, wäre dann unmöglich: »Im Ordinariat brauche ich nicht als seine Frau aufzutauchen.« Kathrin grübelt seit Monaten über verschiedene Szenarien und ihren gemeinsamen weiteren Weg. »Wir scheitern aber daran, das zu planen und den nächsten Schritt zu definieren, weil António es hinausschiebt und nicht darüber sprechen will. Und weil vieles ja auch noch Spekulation ist.«

Kathrin hat für sich keinen Zweifel daran, dass sie einfach mitgehen kann mit ihm in die nächste Pfarrei und gemeinsam im Pfarrhaus einziehen. Sie hat auch schon überlegt, ob sie offiziell Antónios Haushälterin sein könnte, doch über diese abwegige Idee muss sie – die sich als miserable Köchin bezeichnet – selbst lachen. »Zölibat heißt nur, dass wir nicht heiraten dürfen. Was wir sonst so machen, wird niemand fragen. Ich sehe da kein Problem, man muss das einfach machen, die Leute werden es akzeptieren.« An guten Tagen ist Kathrin voller Vertrauen in die Zukunft und erinnert sich daran, dass sich die Dinge bisher immer irgendwie gefügt haben. An anderen Tagen macht sie sich große Sorgen, was aus ihrer Beziehung, was aus ihr werden soll. »António hat zwar schon oft bewiesen, dass er zu uns steht, aber auf der anderen Seite ist in so einer Beziehung ein uneingeschränktes Vertrauen schon sehr schwierig. Der Boden kann immer und sofort ins Schwanken kommen, und richtig stabil fühlt er sich eigentlich nie an.«

Aus Liebe die Scheinheiligkeit ertragen

Kathrin hat lange gehofft, dass das gemeinsame Leben in Lissabon António zu einer Entscheidung bringen würde, sein Priestertum zugunsten ihrer Beziehung aufzugeben. Damit sie endlich miteinander leben könnten wie andere Paare auch, in aller Offenheit, ohne Heimlichkeit. Vielleicht sogar heiraten. Doch noch ein Kind? Noch wäre es nicht zu spät, sie ist noch nicht vierzig. António hat einmal im Vertrauen mit einem Weihbischof, mit dem er befreundet ist, über seine Beziehung zu Kathrin gesprochen. Er werde ihn natürlich nicht anzeigen, sagte dieser, aber es sei klar, dass er sich irgendwann entscheiden müsse zwischen seiner Berufung und seiner Frau.

Doch Kathrin glaubt heute, dass sich António niemals gegen die Kirche entscheiden wird. »Er hängt viel zu sehr an seinem Job«, sagt sie, und man merkt, dass sie damit immer noch zu kämpfen hat. Lange Zeit dachte sie, er will nicht. »Inzwischen weiß ich, er kann es nicht. Priester sein ist nicht nur ein Job, sondern wirklich so etwas wie seine Berufung.« Auch wenn er sich nicht an den Zölibat hält. Er wird sich nicht lösen können, das ist ihr inzwischen bewusst. Deshalb fordert Kathrin die so lange so sehr ersehnte Entscheidung nicht mehr ein, sondern wird den Weg zusammen mit ihm weitergehen wie bisher: immer weiter, das Doppelleben mit- und die Scheinheiligkeit ertragen, die ihre Liebe verlangt.

Zölibat und Priestermangel

Schon auf dem Zweiten Vatikanischen Konzil, das in den Sechzigerjahren die Kirche reformieren sollte, bemerkten die versammelten Bischöfe den in vielen Gebieten drohenden Priestermangel. Daher wurde eine Initiative aufgegriffen, die schon seit der biblischen und liturgischen Bewegung der Zwanzigerjahre in den Kreisen reformfreudiger junger Katholiken kursierte: die Wiederbelebung der Weihestufe des Diakonats ohne Zölibatsverpflichtung. *Viri probati*, bewährte verheiratete Männer, sollten zu Diakonen geweiht werden können. Inzwischen gibt es von diesen sogenannten ständigen Diakonen weltweit an die dreißigtausend. Diakone sind zu einem speziellen Dienst in der Kirche bestellt, der sich schon aus ihrer ersten Erwähnung in der Apostelgeschichte ergibt. Sie haben sich vor allem um die sozialen Belange einer Gemeinde zu kümmern. In der Messfeier assistieren sie dem bischöflichen oder priesterlichen Leiter, bei bestimmten gottesdienstlichen Feiern können sie den Vorsitz übernehmen, wenn kein Priester anwesend ist. Sie sind, wie es heißt, zum Dienst geweiht, nicht zur Leitung. Deshalb gehört es nicht zu ihrem speziellen Auftrag, bei Gottesdiensten vorzustehen, die ausdrücklich einem zum Priester geweihten Geistlichen vorbehalten sind – wie die Eucharistiefeier, die »Quelle und Gipfel«

der kirchlichen Liturgie darstellt. Die gemeinsame sonntägliche Eucharistiefeier gehört zum Kernelement einer katholischen Gemeinde. Deshalb wird sozusagen im Zentrum des kirchlichen Lebens der Priestermangel besonders spürbar.

Dieser Mangel an Priestern ist vor allem in den traditionell katholischen Ländern Westeuropas und Nordamerikas zu verzeichnen. In Deutschland sank seit 1990 die Zahl der Priester von rund zwanzigtausend auf weniger als vierzehntausend. Wurden im Jahr 1962, also im zweiten Jahr des Konzils, in den einzelnen Bistümern insgesamt 557 Priester geweiht, so pendelt sich die Zahl auf niedrigem Niveau bei ca. 60 Neupriestern pro Jahr ein. Dass diese Zahlen die römische Kurie nur bedingt beunruhigen, liegt an den großen Zuwachsraten in Asien und Afrika. So gibt es z. B. in Nigeria so viele Priester, dass die dortigen Bischöfe ihre geweihten Mitarbeiter ins übrige Afrika entsenden können, ja sogar nach Nordamerika zur seelsorgerlichen Betreuung der dort lebenden schwarzen Katholiken. Zu uns nach Deutschland senden die polnischen Bischöfe ihre Priester, aus Indien kommen viele Ordensmitglieder, die mit den hier verdienten Gestellungsgeldern ihre armen Brüder und Schwestern in der Heimat unterstützen können. Der Priestermangel in »Old Europe« zeigt sich nicht zuletzt an der zunehmenden Zahl der ausländischen Geistlichen und an der Zusammenlegung von Gemeinden.

Die seit dem Zweiten Weltkrieg, dem darauffolgenden Wirtschaftswunder und der Marktreife der Anti-Baby-Pille zu konstatierende geringere Kinderzahl pro Familie ist sicher mit ein Grund für den Priestermangel. Bei einer großen Kinderzahl war es zumindest in bäuerlichen Familien durchaus üblich, dass ein Junge den Weg zum Priestertum oder in eine Ordensgemeinschaft und ein Mädchen den Weg ins Kloster wählte. Dies hatte oft auch unausgesprochen wirtschaftliche Vorteile für die verbleibenden Geschwister und stellte für alle Familienmitglieder eine Erhöhung des Ansehens dar. Für Frauen war der Weg ins Kloster über Jahrhunderte hinweg sogar eine der wenigen Möglichkeiten, einen Beruf auszuüben und dem Zwang zur Ehe zu entgehen.

Dieser Grund fällt mit der zunehmenden Säkularisierung unserer westlichen Gesellschaften weg. Der Priesterberuf gehört zwar noch zu den angesehenen Berufen, rangiert aber weit abgeschlagen hinter Feuerwehrleuten, Ärzten und Polizisten. Der Glaube verdunstet, das kann man an den ständig sinkenden Besucherzahlen im Gottesdienst ablesen. Die Grundaussagen des christlichen Glaubens sind kaum noch bekannt, geschweige denn fernstehenden Menschen begreiflich zu machen. Das Vertrauen in die Kirchen nimmt massiv ab. Dafür ist sicher der Missbrauch von Kindern und Jugendlichen und vor allem dessen Vertuschung durch Bischöfe und ihre Mitarbeiter mit eine Ursache. Aber es handelt sich wohl auch um ein grundsätzliches Misstrauen in »mächtige« Institutionen, die noch dazu durch unser Grundgesetz ein autonomes Innenleben garantiert bekommen.

Diese zunehmende Distanz zwischen den Kirchendienern und den Gläubigen, gar nicht zu reden von der Gesamtgesellschaft, wird durch die derzeit praktizierten Gegenmaßnahmen eher noch verstärkt. Es gibt sicher viele sehr gut arbeitende Priester aus Drittländern, aber viele haben Sprachprobleme, die oft auch nach Jahren nicht behoben werden. Viele Gläubige jammern über nicht verstandene Predigten. Was als noch schwerwiegender empfunden wird, sind kaum verständliche Hochzeits- oder Beerdigungsansprachen. Dort sind auch viele der Kirche Fernstehende anwesend, die Kirche dann als wenig anziehend empfinden. Auch das manches Mal völlig andere Verständnis von Kirche und ihrem »Standing« in der Gesellschaft und dem Ansehen des Priestertums bereitet Probleme. Priester aus Ländern mit traditionellem Kirchenverständnis erwarten, dass die Menschen voller Ehrfurcht zu ihnen kommen, statt dass sie auf Augenhöhe auf »das Volk« zugehen.

Die Zusammenlegung von Pfarreien zu großen Seelsorgeeinheiten, wie auch immer sie heißen mögen, erhöht automatisch die Anzahl der Katholiken pro Pfarrer, der meist außerdem mit einem erheblichen Mehr an Verwaltungsarbeit belastet ist. So eigenartig es in unserer sonst so demokratisch empfindenden und virtuell vernetzten Welt zugehen mag, von einem Pfarrer erwartet man persönliche Zuwendung. Diese wird aber zunehmend unmöglich, wenn ein Priester von Gottesdienst zu Gottesdienst und von Veranstaltung zu Veranstaltung hetzt. Von der Schwierigkeit, bei solcher dem Beruf unangemessener Arbeitsdichte die eigene Spiritualität nicht zu vernachlässigen, ganz zu schweigen. Und das Letzte, was die Kirche braucht, sind ausgepowerte und kurz vor dem Burn-out stehende Pfarrer.

Dem begegnet man wiederum mit der Bestellung von Laien. Es begann in den Siebzigern, als ein neuer seelsorgerlicher Beruf geschaffen wurde, der des Pastoralassistenten bzw. Pastoralreferenten. Es handelt sich um voll ausgebildete Theologen mit kirchlicher Beauftragung, die verschiedene Tätigkeiten im vorsakramentalen Bereich übernehmen sollen: Religionsunterricht, Jugendarbeit, Begleitung des verbandlichen Katholizismus, Beerdigungen u. Ä. Es war ein sehr gut gemeinter Schritt, der Theologen, die nicht geweiht werden wollten oder konnten – wie die weiblichen Bewerber –, seelsorgerliches Wirken ermöglichen und die Pfarrer entlasten sollte. Diese Laientheologen haben aber darunter gelitten, dass sie trotz aller Bemühungen immer nur zweite Wahl waren: Die Gemeindemitglieder wollten dann doch für ihre Veranstaltung oder die Beerdigung ihrer Angehörigen einen Priester. Und die Säkularisierung und damit verbunden das Schwinden des Ansehens der Kirche hat inzwischen auch dazu geführt, dass die Interessentenzahlen für die Laienberufe in der Kirche ähnlich stark im Rückgang begriffen sind wie die Zahl der Priesteramtskandidaten.

Um dem Ruf nach mehr Weiblichkeit in der Kirche entgegenzukommen, werden Frauen auf Referentenposten der bischöflichen Behörden berufen. Dies ist eine Maßnahme, die unabhängig vom Priestermangel immer schon möglich, aber in der Männerkirche lange Zeit undenkbar war. Viele Posten in der bischöflichen Verwaltung müssen auch nicht mit Priestern besetzt werden. Man muss nur darauf achten, dass sich die Laien nicht einem Klerikalismus ohne Weihe hingeben. Oft entwickeln sich Verhaltensmuster, die der Hochnäsigkeit staatlicher oder kommunaler Beamter gegenüber dem braven Bürger durchaus ähneln. Erstaunlich ist, dass auch kirchliche Behörden genau wie staatliche die Tendenz zur Selbstvermehrung und Selbstbeschäftigung aufweisen. Man könnte es so ausdrücken: Das sogenannte Parkinson'sche Gesetz macht auch vor Domtüren nicht halt. Dieses besagt: Arbeit dehnt sich in genau dem Maß aus, wie Zeit für ihre Erledigung zur Verfügung steht. Dann: Jeder Angestellte wünscht, die Zahl seiner Untergebenen, nicht jedoch die Zahl seiner Rivalen zu vergrößern. Und: Angestellte schaffen sich gegenseitig Arbeit. Kurz: Die Zahl der Gläubigen nimmt ab, die Anzahl der Priester geht zurück, aber die Ordinariate mit ihrer Verwaltung vergrößern sich.

Die Kirche muss auch aufpassen, dass sie nicht selbst die Attraktivität des priesterlichen Dienstes vermindert, indem sie die priesterliche Tätigkeit immer mehr einengt auf das alleinige Sakramentspenden. Wie die mittelalterlichen Diskussionen und Entwicklungen zeigen, war es immer schon eine Gefahr der Kirche, Dienst und Amt auseinanderzudividieren. So konnte man im Mittelalter Pfarrer, Domherr, Fürstbischof und Kardinal werden, ohne je die Priester- oder Bischofsweihe empfangen zu haben, nur der Würde oder der Pfründe wegen.

Für heute gilt: Man muss nicht Laien berufen, weil man zu wenig Männer findet, die zölibatär leben wollen. Sondern man muss den Zugang zum Priesteramt verändern, um die Einheit von Gemeindeleitung und Vorsteherdienst bei der Liturgie aufrechtzuerhalten. Gerade darin besteht die Attraktivität des Priesterberufs, der so vielseitig ist wie kaum ein anderer.

Meine Vision des Amtes in der Kirche in unserer zukünftigen Gesellschaft

Papst Franziskus ermuntert die Bischöfe in seinen offiziellen Ansprachen und auch in beiläufigen Bemerkungen immer wieder zu phantasievollen und mutigen Schritten, um das Wirken der Kirche zeitgemäß realisieren zu können. Zwei Prinzipien sind es, die er dafür bemüht: die Synodalität und die Regionalität. Beides sollte ein Korrektiv sein für den in den letzten Jahrhunderten übermächtig gewordenen Zentralismus der römisch-katholischen Kirche. Seit dem Mittelalter und der Gegenreformation hat das Papsttum immer mehr Aufgaben und Rechte an sich gezogen, die eigentlich ganz gut die Bischöfe und Priester an der Basis der Kirche erledigen bzw. ausüben könnten.

Einen kräftigen Schub hat dieser Zentralismus noch einmal im 19. Jahrhundert erhalten. Im Zuge der Französischen Revolution und der napoleonischen Neuordnung Europas wurden viele alte Strukturen zerstört. Im nachfolgenden Zeitalter der Restauration hat die Kirche ebenso wie die Staaten die Zügel angezogen. In Deutschland entstand in mehreren Schritten das vom protestantischen Preußen dominerte Zweite Kaiserreich. Die Katholiken im

Reich fühlten sich als Bürger zweiter Klasse und orientierten sich zunehmend am Papst in Rom. Jenseits der Alpen *(ultra montes)* strahlte die römische Sonne einer vermeintlich heilen katholischen Welt, so dachte man. Man spricht daher vom Ultramontanismus, der weite Teile des katholischen Deutschland prägte.

Ihren Höhepunkt erreichte diese Strömung in der Definition der päpstlichen Unfehlbarkeit in Fragen der kirchlichen Lehre auf dem Ersten Vatikanischen Konzil im Jahr 1870. Seither fühlt sich die römische Kurie zuständig für alle noch so detaillierten Einzelheiten katholischen Lebens. Das Zweite Vatikanische Konzil wollte hier korrigierend eingreifen, wurde aber im Anschluss durch die Beharrungskräfte in Rom in seiner Wirkung wieder abgebremst. Papst Franziskus, der, wie er selbst bei seinem ersten Segen »Urbi et Orbi« nach der Wahl sagte, »vom Ende der Welt« in sein Amt berufen wurde, weiß, wie sehr die Sicht der römischen Zentrale und die Realität vor Ort oft auseinanderklaffen. Dem möchte er entgegenwirken.

Da ist zum einen die **Synodalität.** Die Kirche sollte sich auf Synoden zur Beratung der anstehenden Probleme treffen. Synode ist eine andere Bezeichnung für Konzil, hat aber weniger universalen Charakter. Früher trafen sich die Bischöfe, Priester, Ordensleute und Laien einzelner Provinzen oder Länder, um die Dinge für ihre Regionen zu regeln. Damit sind wir schon bei der **Regionalität.** Es muss nicht mehr alles für die ganze Weltkirche einheitlich geregelt sein. Seit der Globalisierung fällt der Eurozentrismus der Kirche nur umso mehr auf. Europäische, konkret römische Denk- und Lebensstile wurden auf alle Lokalkirchen übertragen und von diesen eingefordert. Am europäischen Wesen sollte die ganze Kirche genesen.

Schon das letzte Konzil öffnete die Sicht der Kirche auf außereuropäische Kulturen und ermöglichte so die Inkulturation des Katholischen in die jeweilige regionale Kultur, die durchaus zu unterschiedlichen Ausformungen kirchlichen Auftretens führen kann.

In unseren Breiten ist der Priestermangel eines der drängendsten Probleme, weil dadurch die Präsenz des kirchlichen Dienstes in der Fläche verschwindet. Die Ursachen sind vielfältig: Säkularisierung der Gesellschaft, Rückzug der Menschen in die Kleinfamilie, sicher auch Glaubwürdigkeitsprobleme der Kirche, nicht zuletzt ausgelöst durch den Zölibat. Momentan begegnet die Kirche dem Problem mit einer dreifachen Strategie: Entsendung von Priestern aus Regionen mit zahlreicherem Priesternachwuchs (vor allem aus Polen, Indien und afrikanischen Ländern), Zusammenlegung von Pfarreien zu großen Seelsorgeeinheiten und Beauftragung von Laien mit Leitungsaufgaben, die bisher Priestern vorbehalten waren.

Ein grundsätzliches Problem ist jedoch das Festhalten der Kirche am herkömmlichen Priesterbild. Fünfzig Jahre nach dem Zweiten Vatikanischen Konzil hat die Kirche noch immer nicht realisiert, dass damals einer der größten Reformschritte zwar verhalten formuliert, aber eben doch verkündigt wurde. Bis dahin war es der Klerus, der die Kirche vor allem repräsentierte. Kirche – das waren die Bischöfe und Priester. Die Gläubigen waren diesen nachgeordnet, sie waren bloße Empfänger der Sakramente, die durch die Priester gespendet wurden. Sie waren das Objekt priesterlichen Tuns. Das Konzil hat die Kirche sozusagen vom Kopf auf die Füße gestellt. Alle Getauften bilden die Kirche. Sie sind nicht mehr Objekt, sondern Subjekt der Kirche. Die Kleriker sind die von der Kirche, also allen Gläubigen, zur Seelsorge in der Gemeinde beauftragten Diener. Aus dem Amt wurde wieder der Dienst, wie es schon der Apostel Paulus in seinem Brief an die Korinther gefordert hatte: »Nicht Herren eures Glaubens sind wir, sondern Diener eurer Freude.«

Eigentlich müssten die Gläubigen bei jeder von oben verordneten und nicht mit ihnen abgestimmten Verwaltungsmaßnahme der bischöflichen Behörde aufstehen und wie die Menschen der DDR im Jahr 1989 skandieren: »Wir sind das Volk!« Aber fast zweitausend Jahre Kirchengeschichte haben dieses Bewusstsein so sehr ausradiert, dass der Respekt vor den Bischöfen, denen noch vor ein paar Jahrzehnten kniend der Ring geküsst werden musste, den Mut zum Widerspruch gar nicht erst hochkommen lässt. Ein paar als dekorierendes Feigenblatt gedachte Maßnahmen konnten eine Ahnung vom eigentlichen Subjekt der Kirche geschickt in die gewünschten disziplinierenden Bahnen lenken, wie z. B. die Einrichtungen der Pfarrgemeinderäte, die aber nur beratendes und nicht bestimmendes Recht haben. Oder die Berufung von nicht priesterlichen Männern und Frauen, also Laien, in leitende Positionen der Ordinariate.

Es geht nicht darum, die weltliche Form der Demokratie mit ihrem immanenten Misstrauen gegenüber den Mächtigen auch der Kirche überzustülpen. Aber im Sinne der auf dem Konzil formulierten Theologie des Zusammenwirkens (die Theologen nennen das die Communio-Theologie) sollten praktikable Formen der Bestellung von unten und der Bestätigung von oben entwickelt werden. Und dies entspräche auch der von der katholischen Soziallehre und den Päpsten des letzten Jahrhunderts immer wieder geforderten **Subsidiarität.**

Dieses Subsidiaritätsprinzip besagt im Grunde etwas sehr Einfaches: Es betont die prinzipielle Nachrangigkeit der nächsthöheren Ebene. Nur wenn die untere Einheit dazu nicht in der Lage ist, sollte die jeweils höhere gesellschaftliche oder staatliche Einheit aktiv werden und regulierend, kontrollierend oder helfend eingreifen. Hilfe zur Selbsthilfe soll aber immer das oberste Handlungsprinzip sein. Aufgaben, Handlungen und Problemlösungen sollen so weit wie möglich vom Einzelnen, von der kleinsten Gruppe oder der untersten Ebene einer Organisationsform übernommen werden. Nur wenn dies nicht möglich, mit erheblichen Hürden und Problemen verbunden oder der Mehrwert einer Zusammenarbeit offensichtlich ist und diese eine allgemeine Zustimmung erfährt, sollen sukzessive größere Gruppen, öffentliche Kollektive oder höhere Ebenen einer Organisationsform subsidiär, das heißt unterstützend, eingreifen.

Damit läge das Initiativrecht auch in der Kirche bei der unteren Ebene, der Basis, das heißt den Gemeinden. Die höheren Ebenen – das Bistum, die Bischofskonferenz, die Gesamtkirche mit dem Papst an der Spitze – stellen die Hilfeleistung auch in Form eines einheitsstiftenden, aber nicht zu sehr einengenden Regelwerks zur Verfügung. Die Überwachung der Regeleinhaltung darf nur nach Maßgabe der Tugenden Klugheit, Gerechtigkeit, Maßhaltung und der größten aller Tugenden, der Liebe, gehandhabt werden. Das wäre der Grundzug für eine wahre Praxis des gedeihlichen Zusammenwirkens *(communio)*, das von unten nach oben gerichtet ist.

Konkret für die Bestellung des Leitungsdienstes in einer christlichen Gemeinde (»Pfarrer« und Bischof) stelle ich mir das folgendermaßen vor. Das Modell dazu entlehne ich vor allem der anglikanischen Kirche von England. Es entspricht auch der oben schon erwähnten, immer wieder geäußerten Anregung von Papst Franziskus zu mehr Synodalität in der katholischen Kirche:

Die Gemeinde wählt ihren Pfarrer (oder in fernerer Zukunft auch ihre Pfarrerin) oder dessen Helfer, den Diakon (die Diakonin), selbst entweder durch direkte Wahl oder durch ein repräsentatives Gremium. Der Beruf des Diakons ist eigenständig. Der Diakon ist geweiht, um »dem Volk Gottes in der Diakonie der Liturgie, des Wortes und der Liebe zu dienen«. Bisher ist es kirchliche Praxis, dass die einzelnen Stufen aufeinander aufbauen: Zum Empfang der Priesterweihe ist die Diakonenweihe erforderlich. Daher muss der zukünftige Priester vorher als Diakon gewirkt haben. Die Wiedereinführung des ständigen Diakonats in der Kirche war verbunden mit der Aufhebung der Zölibatspflicht für diese Weihestufe. Damit war gleichsam ein Ventil für die vielen geschaffen, die zwar eine Berufung zu einem kirchlichen Weiheamt in sich verspürten, aber nicht zum Zölibat. Die meisten dieser Diakone wären wohl lieber Priester geworden, gaben sich aber um der Chance auf Ehe und Familie willen mit dem Diakonat zufrieden. Es wäre daher schade, wenn mit der Abschaffung des Priesterzölibats der Diakonat wieder verschwinden würde, weil sich dann die meisten Diakone für das Priesteramt bewerben würden. Daher sollte man darauf achten, dass das eigenständige Berufsbild des Diakons attraktiv bleibt. Schon heute übernehmen sie aufgrund des Personalmangels oft Leitungsdienste in der Liturgie und Gemeinde, die eigentlich dem Priester vorbehalten sind. Dadurch verschwimmt die Eigenart der jeweiligen Weihestufe. Hier wäre in Zukunft wohl eine stärkere Profilschärfung notwendig. Schwerpunkt diakonischer Arbeit ist der Dienst an den Armen und Benachteiligten der Gesellschaft. Hier liegen den Diakonen besonders die körperlich, seelisch, geistig und sozial Bedürftigen am Herzen. Deshalb gelten sie als das »soziale Gewissen« der Kirche.

Kandidaten für den Weihedienst sollten »bewährte Männer« (und Frauen) sein, deren christlicher Glaube ihre Lebensführung bestimmt. Die Bewährung vollzieht sich herkömmlich im familiären oder beruflichen Bereich. Sie kann auch in der Anforderung einer theologischen Grundausbildung bestehen, deren Fehlen durch praktische Mitarbeit und Erfahrung in der eigenen oder einer anderen Gemeinde wettgemacht wird. Die Bereitschaft zu theologischer Fortbildung wird vorausgesetzt.

Es gibt selbstverständlich auch den nebenberuflichen Priester. Berufliche Anforderungen und priesterlicher Dienst müssen harmonieren. Ehelosigkeit ist keine Bedingung. Eine Gemeinde kann auch mehrere »nebenamtliche« Priester bestellen; einer der Priester ist dann der Moderator. Verwaltungsaufgaben können an größere Verwaltungseinheiten delegiert werden. Ideal ist aber das Zusammenfallen von Leitung *»in spiritualibus et temporalibus«* (im Geistlichen und Zeitlichen) in der einen Person des Pfarrers.

Jede Pfarrei findet auf diese Weise einen Pfarrer, wie eine bürgerliche Gemeinde ihren Bürgermeister. Kommt eine Wahl nicht zustande, weil sich kein geeigneter Kandidat findet, sucht der Bischof oder ein dazu Beauftragter einen Kandidaten (eine Kandidatin).

Der gewählte Kandidat wird dem Bischof vorgestellt, der ihn nur mit ausführlicher Begründung ablehnen kann. Der Bischof weiht dann den Kandidaten zum Priester (oder

Diakon) für den Dienst in der Gemeinde. Die Weihe ist absolut, das heißt, der Geweihte bleibt Priester auf Lebenszeit. Die Weihe ist kein Hindernis für eine spätere Eheschließung. Er kann zu einer anderen Gemeinde wechseln, wenn er dort gewählt und vom Bischof bestätigt wird. Der einmal Geweihte kann auch wieder ganz in seinen Hauptberuf zurückkehren, ohne die Priesterweihe zu verlieren oder laisiert zu werden.

Für die Bestellung als Bischof (in Zukunft vielleicht auch als Bischöfin) gelten analoge Verfahren. Ein diözesanes Gremium bzw. eine Synode – zur Hälfte aus Laien, zur Hälfte aus Priestern und Diakonen zusammengesetzt – wählt aus »bewährten« Kandidaten den Diözesanbischof. Diese Kandidatenliste wird von einer Kommission einer Deutschen Synode (ein Drittel Bischöfe, ein Drittel Priester und Diakone, ein Drittel Laien) für jedes Bistum nach Vorschlag aus dem Bistum bestätigt oder ergänzt. Der erwählte Bischof kann vom Papst nur mit einer ausführlichen Begründung abgelehnt werden, sonst erhält er die Zustimmung. Dann wird er vom zuständigen Erzbischof oder vom Vorsitzenden der Bischofskonferenz bzw. der Synode geweiht. Auch der Bischof muss nicht zölibatär leben. Er ist auf jeden Fall hauptamtlich tätig.

Mir ist bewusst, dass diese Überlegungen nur Gedankensplitter für eine Zukunft der Kirche ohne Zölibatspflicht für Priester sein können. Eine Fülle von Konsequenzen käme damit auf die Kirche zu. Das reicht von der Gestaltung der Pfarrhäuser mit Pfarrerfamilien über die Witwenversorgung bis hin zum Scheitern von Priesterehen. Aber gerade mit solchen Problemen, die die Ehen und Familien aller Gläubigen plagen, wird die Kirche geerdet werden. Die Geschichte der Kirche hat gezeigt, dass sie, auch wenn sie es selbst nicht wahrhaben will, sehr flexibel auf die jeweiligen Veränderungen in Zeit und Raum reagiert hat. In der zeitlichen Ausdehnung von zweitausend Jahren und der Verbreitung auf dem ganzen Erdkreis spürt man diese Veränderungen nur sehr langsam und aus der Ferne. Was ihr nottut, ist Dezentralisierung und Entbürokratisierung.

In ihrer langen und trotz vieler Fehlentwicklungen doch äußerst erfolgreichen Geschichte ist es der Kirche gelungen, ihrem Auftrag treu zu bleiben: die Frohbotschaft bis an die Enden der Erde zu verkünden. Dazu braucht es eine innere Verfassung und Regeln, das ist klar. Diese sollten aber, wie es im letzten *canon* des Kirchenrechts heißt, stets das Heil der Seelen vor Augen haben, das in der Kirche immer das oberste Gesetz sein muss.

Ausgewählte Literaturhinweise

Georg Denzler: *Die Geschichte des Zölibats.* Freiburg im Breisgau 2016: Der zweifellos bestinformierte Theologe zum Thema Zölibat ist Georg Denzler. Der emeritierte Professor für Kirchengeschichte war Pfarrer in Breitbrunn am Ammersee, in der Nähe meines früheren Klosters Andechs. Er heiratete 1973, wollte Pfarrer bleiben, wurde aber, wie zu erwarten, vom Priesteramt suspendiert. Er blieb in seiner Pfarrei wohnen, arbeitete mit im Pfarrgemeinderat. Seither ist der Zölibat auch sein wissenschaftliches Thema. Seinem Buch und vielen Begegnungen mit ihm verdanke ich den roten Faden und zahlreiche wertvolle Hinweise.

Erich Garhammer (Hrsg.): *Zölibat zwischen Charisma und Zwang.* Würzburg 2011: Dieses Sammelbändchen vereinigt kurze und informative Gesichtspunkte zum Thema. Verschiedene Autoren, unter ihnen ein Exeget, ein Psychotherapeut, der Regens eines Priesterseminars und ein evangelischer Bischof, spannen einen bunten Bogen von der Verteidigung bis zur Ablehnung des Zölibats.

Margaret A. Farley: *Verdammter Sex. Für eine neue christliche Sexualmoral.* Darmstadt 2014: Die Autorin ist Barmherzige Schwester und Professorin an der Universität Yale. Ihr Entwurf einer Sexualmoral ist zukunftsweisend. Sie greift alle heißen Eisen der gegenwärtigen gesellschaftlichen Umwälzungen in Bezug auf Sex auf. Auch wenn die römische Zentralbehörde der Kirche momentan noch Schwierigkeiten damit hat, kann ihre Vision doch eine neue Sichtweise auf dieses viel diskutierte Thema bieten.

Volkmar Sigusch: *Sexualitäten. Eine kritische Theorie in 99 Fragmenten.* Frankfurt am Main 2013: Der Autor war Direktor des Instituts für Sexualwissenschaft im Klinikum der Universität Frankfurt am Main und Professor für Soziologie. Als solcher ist er bis heute ein gefragter Sexual- und Paartherapeut. Wer sich umfassend und kritisch über heute gängige Formen und Praktiken der Sexualität informieren will, ist bei ihm gut aufgehoben.

Gerd Hamburger: *Katholische Priesterehe oder: Der Tod eines Tabus.* Reinbek bei Hamburg, 1968: Ein erstaunliches und wenig beachtetes Büchlein eines katholischen Priesters, der 1977 nicht wagte, es unter seinem Klarnamen zu veröffentlichen. Anlass war ihm die Enzyklika *Sacerdotalis caelibatus* von Papst Paul VI., die ein Jahr zuvor erschienen war. Berührend die Bemerkung auf dem Vorsatz: »Dieses Buch sei in aller Ehrerbietung und Verbundenheit Seiner Heiligkeit Papst Paul VI. gewidmet, selbst wenn der Autor die Ansichten des Heiligen Vaters, dargelegt in seiner Enzyklika, in vielem aus tiefster Überzeugung nicht teilen kann.« Hamburger war ein fleißiger Sammler kirchengeschichtlicher Details bis hin zu Klatschgeschichten rund um das Zweite Vatikanische Konzil. Eigenartigerweise kommt das für den Zölibat so wichtige Zweite Laterankonzil nicht vor.

Johann Baptist Metz: *Zeit der Orden? Zur Mystik und Politik der Nachfolge.* Freiburg i. Br. 1977: Dieser kleine Essay des bekannten Vertreters der Politischen Theologie hat mich schon bei der ersten Lektüre als Student und junger Ordensmann sehr beeindruckt. Seine Thesen sind heute aktueller denn je. Er behandelt auch das Gelübde der Ehelosigkeit. Zölibat des Weltpriesters ist nicht dasselbe wie die Ehelosigkeit des Ordensmannes oder der Ordensfrau. Metz bricht u. a. eine Lanze dafür, dass Ehelosigkeit ein Charisma, ein Spezifikum der klösterlichen Existenz sei. Deshalb sollten Ordensleute für eine Beendigung der Zölibatsverpflichtung für die Weltpriester kämpfen.

Josef Othmar Zöller: *Abschied von Hochwürden. Seelsorger der Zukunft.* Frankfurt a. M. 1969: Auch nach fünfzig Jahren ist es dieses Büchlein wert, wieder gelesen zu werden. Einige Jahre nach Beendigung des Zweiten Vatikanischen Konzils kratzte der 2004 verstorbene Autor, Radio-Journalist und Katholik, ganz massiv am herkömmlichen Priesterbild. Dazu zählte natürlich auch der Zölibat, den Zöller als widernatürlich einschätzte und wie die »Väter« des Konzils mitschuldig am Priestermangel sah. Mit diesem Lektürehinweis verneige ich mich auch in tiefer Wertschätzung vor dem Gedenken an einen väterlichen Freund, der anlässlich einer Diskussion über Sexualität einmal zu mir sagte: »Was aus echter Liebe geschieht, kann keine Sünde sein.«

Lexikon für Theologie und Kirche. Freiburg im Breisgau, 2001: Obwohl inzwischen schon wieder eine halbe

Generation seit dem Erscheinen der 3. Auflage des LThK (wie das katholische Standardlexikon abgekürzt wird) vergangen ist, bietet es weithin noch den aktuellen Stand der Theologie. Unzählige kleine Hinweise verdanke ich den vielen hervorragenden Artikeln dieses Lexikons.

Peter Brown: *Die Keuschheit der Engel.* Sexuelle Entsagung, Askese und Körperlichkeit am Anfang des Christentums, München 1991: Der gebürtige Ire lehrte lange Jahre in Princeton. Er gilt als einer der besten Kenner des frühen Christentums und der Spätantike. Besonders der Aufstieg des Mönchtums in seiner Bedeutung für die Kirche ist sein Forschungsgebiet, das er bisweilen zu sehr idealisiert. Ein typisch britischer Historiker, der humorvoll und spannend Geschichte darzustellen vermag.

Zum Weiterlesen

Eugen Drewermann: *Kleriker.* Psychogramm eines Ideals, Olten, 1989.

Edward Schillebeeckx: *Der Amtszölibat.* Eine kritische Besinnung, Düsseldorf 1967.

Ders.: *Das kirchliche Amt,* Düsseldorf 1981.

Stephan Pfürtner: *Kirche und Sexualität,* Reinbek 1972.